画说华之源

江志文监制作品

科学出版社

策划统筹 / 监制　江志文
执行　亚　明
撰文 / 资料　张国安
学界联络暨多学科整合　张国安
图版绘制　张　鹏　亚　明　梁绘影
考古复原图绘作　张孝光
摹想图造型资料搜集　李　佩
封面 / 装帧设计　马仕睿
排版设计　马仕睿　周希旻
电脑色彩效果　Justin　暨　香港浸会大学美术系

考古学顾问　**邵望平　中国社会科学院考古研究所研究员**
人类民俗学顾问　**宋兆麟　中国国家博物馆研究员**
历史文献学顾问　**王天有　北京大学历史系教授**
人类心理学顾问　**陈庆浩　法国国家科学研究中心研究员**
中国神话学顾问　**马昌仪　中国社会科学院文学研究所研究员**
文学顾问　**肖　马　中国作家**
图版绘制顾问　**张孝光　中国社会科学院考古研究所研究员**

鸣谢

徐元邦、陈琳国、张小舟、张连城、古方、徐良高、唐际根、沈岳明、张春龙、戴宗品、华国荣、吉琨璋、王明毅、何长风、王明钦、樊燕华、张昌平、张照根、张燕燕、黄洁、高远、陈爽、张帆、游战洪、王紫林、李郁、张伟、王霞、李露露、安都、张苏雁、张维、孙景峰、王记录、左玉河、陈连营、杜勇、江小涛、刘珂、任国玉、史延廷、宋大川、王澈、杨杭军、杨丽、周韬、李少兵、王瑞芳、王世勇等先生的帮助。

图书在版编目（CIP）数据

画说华之源／江志文监制. —北京：科学出版社，2014.6
ISBN 978-7-03-040403-9

I. ①画…　II. ①江…　III. ①中国历史－图解　IV. ①K208

中国版本图书馆CIP数据核字（2014）第072863号

责任编辑：闫向东　雷　英／责任校对：张怡君
责任印制：钱玉芬／书籍设计：北京美光设计制版有限公司

科学出版社 出版
北京东黄城根北街16号
邮政编码：100717
http://www.sciencep.com

北京华联印刷有限公司 印刷
科学出版社发行　各地新华书店经销
*
2014年6月第　一　版　开本：787 × 1092　1/8
2014年6月第一次印刷　印张：15 1/2
字数：432 000

定价：800.00元

(如有印装质量问题，我社负责调换)

引言

综合古代文献的记载，中国上古的历史可以理清这么一条线索：混沌初开之后，经历了伏羲、女娲、神农及黄帝、颛顼、帝喾、尧、舜此三皇五帝的传说时代，“中土”便迈入夏朝，商周接续，成为后世艳称的“三代”。三皇五帝期间，伏羲创八卦，神农教耕稼，黄帝打败蚩尤而鼎定中原，尧舜禅让成千古美谈。此后，大禹治水而后“列九州”、确立赋税制度……这一古史体系，向来被国人奉为正统观念而传承了数千年。

近代以来，随着中华民族的文化自信被强烈冲击，随着进化论的传入及被确认，随着实证科学和逻辑分析等方法运用于剖析古史体系，在理性的解剖刀下，传承数千年的古史传说体系崩解了。以“疑古思潮”为主流的古史考辨，把中国人从原先“崇古”的迷雾中推了出来。

但从另一方面看，近代古史考辨却也出现了疑古太过的失误。打个简单的比喻，这就像以成年人惯用的逻辑思维和经验，去评判儿童的绘画、盘诘儿童的言行及记录，进而否定儿童思维中天然的真实一般。而其实，儿童淳朴的智慧、敏锐的直觉，也会有比成年人的逻辑思维和经验更接近事物本质的一面。

英国 19 世纪的一位哲人赫胥黎说：“古代的传说，如用现代严密的科学方法去检验，大都像梦一样平凡地消逝了。但奇怪的是，这种像梦一样的传说，往往是一个半醒半睡的梦，预示着真实。”

中国的传说时代也是如此 。

现今，运用现代考古学重构中国上古史的种种努力，已取得了有目共睹的成绩，而进一步结合对传统文献的深层研究，并吸纳人类学、民俗学、神话学等各学科的积累，则可以建立起一个真正符合或更逼近历史真实的、新的古史体系。

我们现在所见到的中国历史的开端——传说时代，与世界其他各国各族相比，似乎缺少了一个有系统的富于神话气质的阶段，西方也多有学者说中国缺少成体系的神话。是否中国确然没有经历过这一阶段？——显然并非如此。探本穷源，是在于从孔子以来居中国文化领导地位的士人阶层，在于他们意识中固执着“子不语怪力乱神”这种实用理性的原则。

孔子的学生宰我问黄帝之事，孔子说那是很久远的事了，难以表述，你何必问呢？学生坚持问：黄帝到底是不是人？怎么至于活了三百年？孔子回答说：黄帝在世时，子民因他得益一百年，他死后，子民敬畏他的神明又一百年，之后，子民应用他的教化再一百年，所以说是三百年。

另一学生子贡问孔子，过去说黄帝四面有脸，你信吗？孔子回答说：他派了四个特别信任的使者去治理四方，如同黄帝亲自治理，所以就等于四面有脸了。

姑勿论孔子对黄帝三百年与四面有脸的解释是否算揭示了真实的原始本义，仅就其效果来说，则更切合我们现实中的“经验”与“常识”，因而更容易受到社会普遍意识的认可，从而更具历史性格。中国的原始神话就是这样渐渐向着世俗化与人格化的方向变异，而历史真实寄于神话传说中的史影便越来越斑驳难辨。

况且，我们现今所能读到的最早记载古史传说的文字，大抵成于春秋战国乃至秦汉之时，即是中华民族首次最大规模的统一整合时期，一元观念在社会思潮中一再被强调，尤其到了秦汉两朝，终致“焚书坑儒”与“罢黜百家、独尊儒术”两次文化大清剿，原先活跃于之前不知凡几万年岁、姿态各异的巫文化，都被视作不符合历史潮流而遭到强烈压抑；原先由巫师、祭司世代口头传承的神话传说，在记录为文字的过程中也依当时的需要而一再被改造，成为现今所惯闻习见的以黄帝为“人文初祖”、为正统、为楷模的一元形态。到了今天，我们欲一睹史前巫文化纷繁多彩的面貌，则只能透过屈原的歌吟、或《山海经》等未列入经史的典籍，去分辨仅有的那几缕微光。

20 世纪下半叶，尤其是 80 年代以来，我国的田野考古学有了长足的发展，史前遗址与文物的大量发现，使史学界掌握了实在的根据，可以去与古史传说和神话进行对应、比照，清理出一个比以前更为逼近历史真实的、较为清晰的轮廓。虽然，其间还有极为纷繁的局部与细节尚待进一步发现、研究与厘定，但整体上的结论已相当清晰——

我们现今概念上的“中国”，是孕育于上古时期的“万国”，即起码是数以千计的“古国”与“方国”（交错的地方国家）；

我们现今概念上的“中华文化”，是孕育于上古时期多源头、多形态的巫文化；

我们现今概念上的“中华民族”，是孕育于上古时期、分布于不同地域、不同自然环境下的所谓华、夷、戎、狄、蛮苗、百越等族；

中华文明，是多源头、多方位的多种不同文化元素，通过长期不断地撞击、交错、互契、调整而最终融合形成的。

为了更具体、更形象地传达上述的整体结论，我们在此以考古学、历史学、神话等为主要架构，并结合民族学、民俗学、体质人类学等学科的基本知识，以图像为主要表述手段，力图描绘出一幅更逼近历史真相的、直观的历史画卷。

在表述的过程中，本书也不回避不同的观点，从而给读者提供一个足够开放的架构，以便读者能由此拓展出更开阔的思路，以达到更真切地认识我们自己历史的目的。

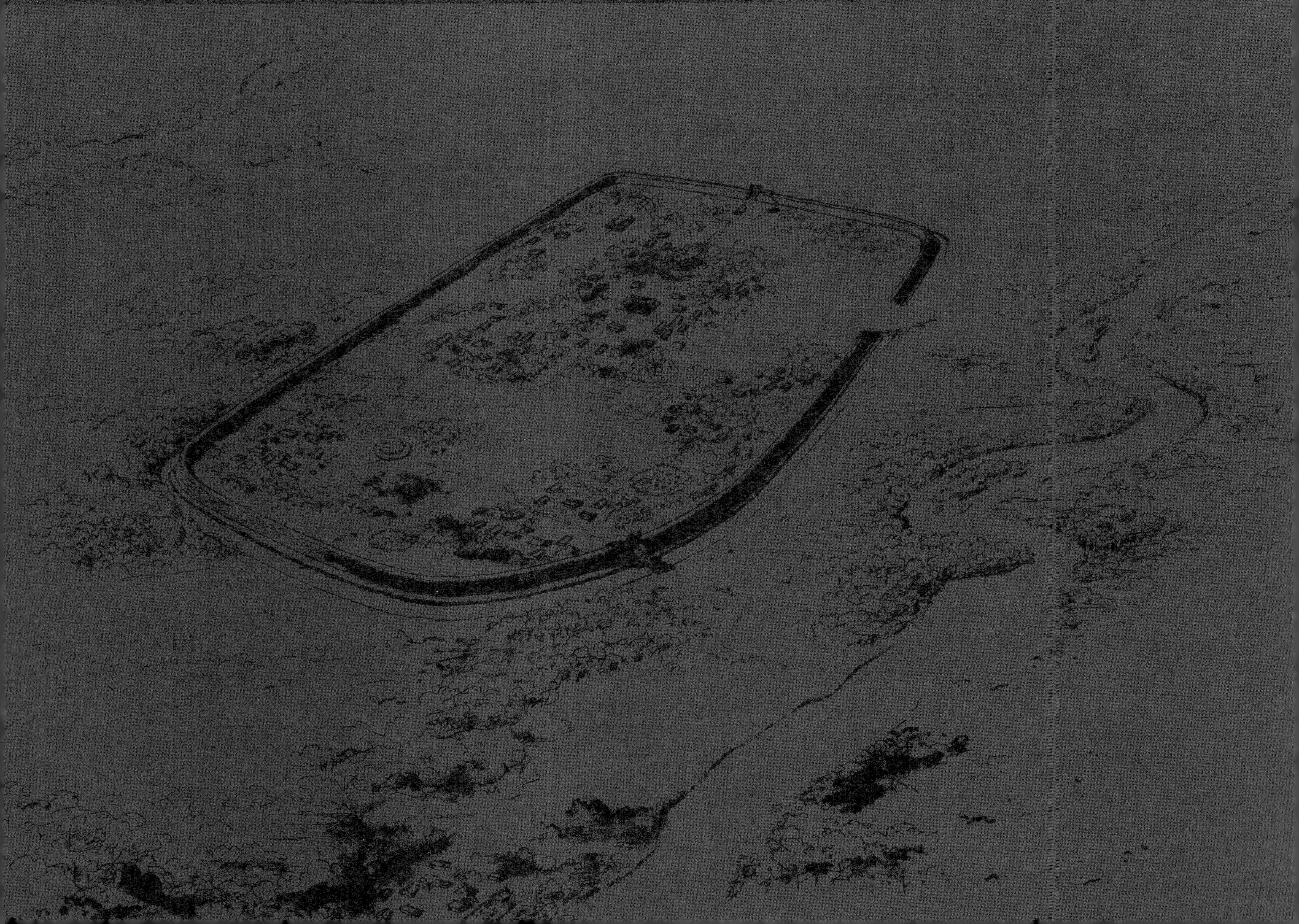

目 录

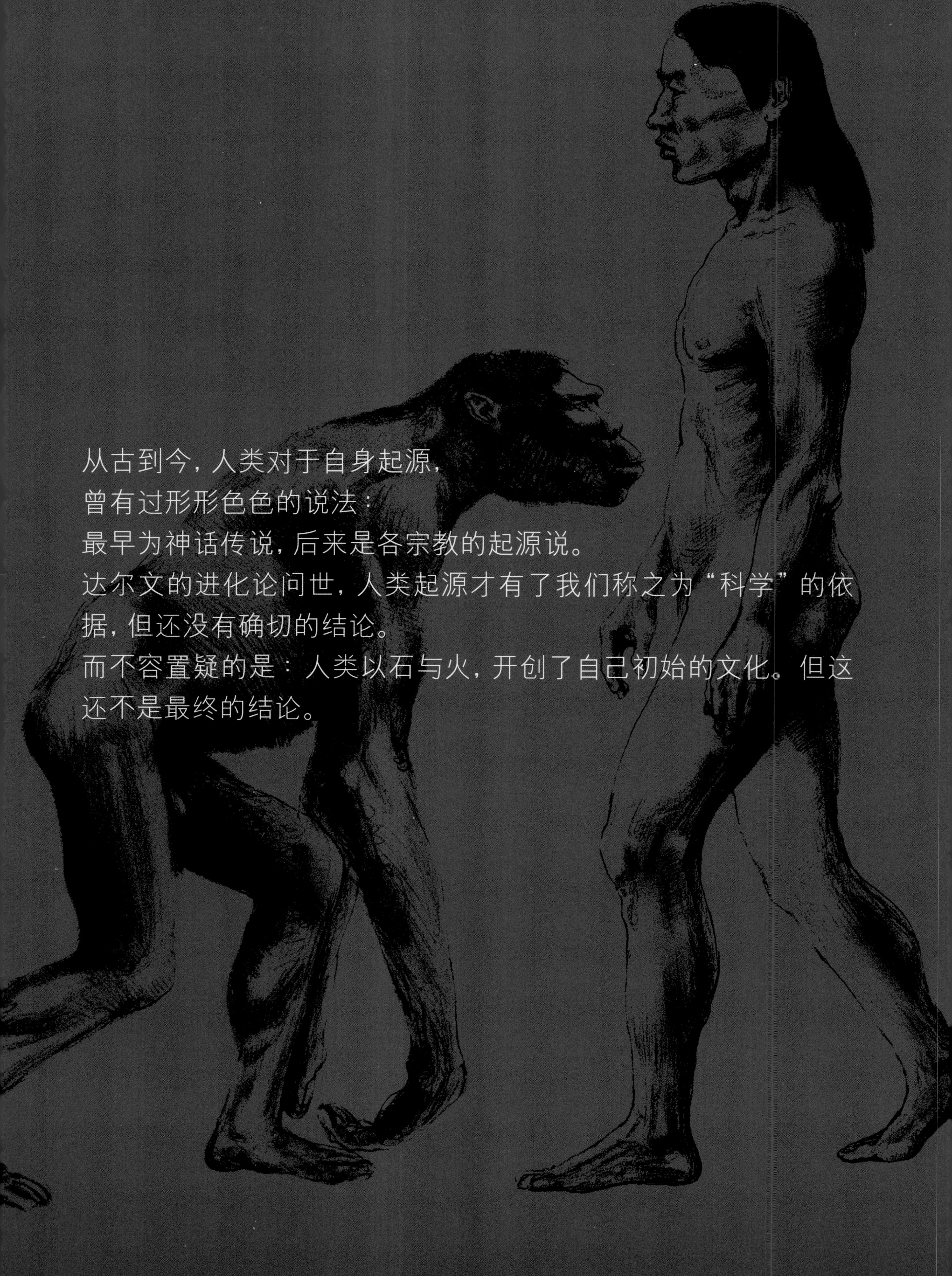

从古到今，人类对于自身起源，
曾有过形形色色的说法：
最早为神话传说，后来是各宗教的起源说。
达尔文的进化论问世，人类起源才有了我们称之为“科学”的依据，但还没有确切的结论。
而不容置疑的是：人类以石与火，开创了自己初始的文化。但这还不是最终的结论。

第一章

混沌

人之初诸说

人之初诸说

→进化论的人类演进图谱

中新世中晚期至上新世

距今 1400 万年至 400 万年

从古到今，人类起源一直没有确切无疑的定论。历史上曾有过形形色色的说法：最早为神话传说，后来是各宗教的人类起源说，至达尔文的进化论问世，人类起源才有了我们称之为“科学”的从猿进化到人的依据。

现今科学界关于人类起源的种种说法，归纳起来大体为两类：单一起源说及多中心起源说。

单一起源说，主要依据是分子生物学的基因测定与分析。此说认为，现今人类的基因，都来自东非；现代的男性与女性，都来自 15 万年前东非的一位父亲和一位母亲，并开始陆续向世界各地迁徙。到了 10 万～5 万年前，他们的后裔已分成黄白黑棕四大人种。

多中心起源说，主要依据是对古人类化石的比较与分析。此说认为人类起源于多个地区——其中东非、中国西南及其与印度、缅甸交界的两个地区尤值得关注。

单一起源说的观点，在解释现代人种形成，解释其他人科成员——如能人及一些原始人种的消亡等问题上，都有待进一步的研究。

多中心起源说的观点，各有其传统研究的坚实依据。以中国境内的古人类化石排列而言，从南方古猿到现代人的蒙古人种特征，在大体格局上呈现明显链接。不过，在链接中也不是完全没有缺环。

最近，有分子生物学界的论者认为，现代人是单一物种，而各地的猿人则差异极大，属不同物种，并没有都进化成现代人。他们推测，生于东亚的直立人和早期智人，例如北京猿人等，已在最近一次冰川时期的恶劣气候下灭绝。

以上说的，主要还是就直立人到现代人演化而言，如果按进化论去追索从猿到人两三千万年的演进，其间环节缺失则更大。

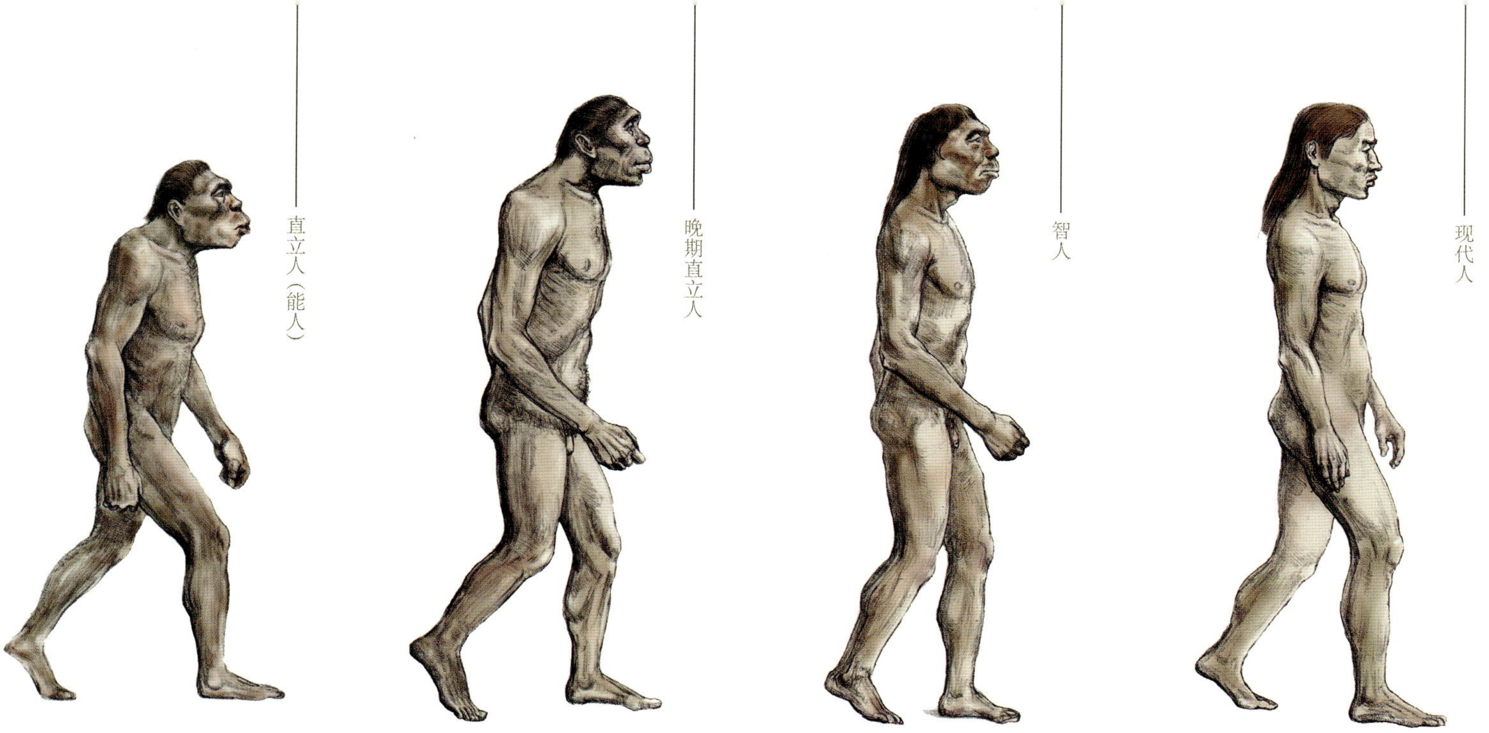

第四纪（更新世）
距今 300 万年至 5 万年

全新世
距今 1 万年至今

↑中国神话传说中的人类始祖女娲是人首蛇身的女神。

世界范围内发现的古猿化石，其中有两大支系：一支是经森林古猿演变为现代猿；另一支是腊玛古猿经过南方古猿阶段，发展为直立人。南方古猿已懂得制作石器，已能直立行走，为人类的直系祖先。

而在腊玛古猿与南方古猿之间，则存在一个灵长类向人类之直立人阶段演变的过程，这个过程，长达 400 万年之久。但考古学至今没有发现这一过程的任何遗址遗物，也至今未作出权威解释。因为人类与其他灵长类比较而言，有很多体征与生理的差异，这一直都颇费考量。最明显的是：人类基本上没有体毛（有西方学者干脆称人类为“裸猿”），却具有其他灵长类动物所无的汗腺调节体温的机能；人类四肢与身体呈流线型，不像所有灵长类动物般呈 π 型，并有控制呼吸的能力而适合潜水。更使人难解的是，所有陆生动物，对盐的需求都与人类不一样；一旦达到生理上的需求量，它们对盐就不再有兴趣，因为对盐的摄取会导致生理上对其他欲求的抑制，但人类却全然没有这一陆生动物的生理共性。所以学界有人认为，与其说人类接近灵长类，倒不如说更接近海洋哺乳类——如海豚。

1930 年，英国海洋生物学家艾利斯特·哈代（Alister Hardy）提出了“海猿”假说，并日益受到学界的重视。他指出，在距今 400 万年间，地球曾发生了一场大海进，海面升高，海水大面积侵淹沿海低地，内陆河湖水位大幅升高，迫使其中的部分古猿进化为在浅海中生活的海猿。数百万年后，海猿随海退重返陆地，这才是人类的真正祖先——南方古猿。

海猿长期生活在富盐的环境中，调节了生理上作为陆生动物对盐的反应，海的洗礼，使体毛消失了，体型变得适于游泳与潜水……“海猿”的假设，对上述的疑问作了合乎逻辑的解答。但遗憾的是至今尚未发现海猿化石，使这一推论缺少了实证上的支持。当然，也可以反过来说，若人类进化确然经过海的洗礼，证据自然都湮没于海底了。

人类进化之谜，至今尚在索解之中。■

→中国上古传说中的伏羲女娲与圣经中的亚当夏娃，也许就是这副样子。

中国古人类的源流

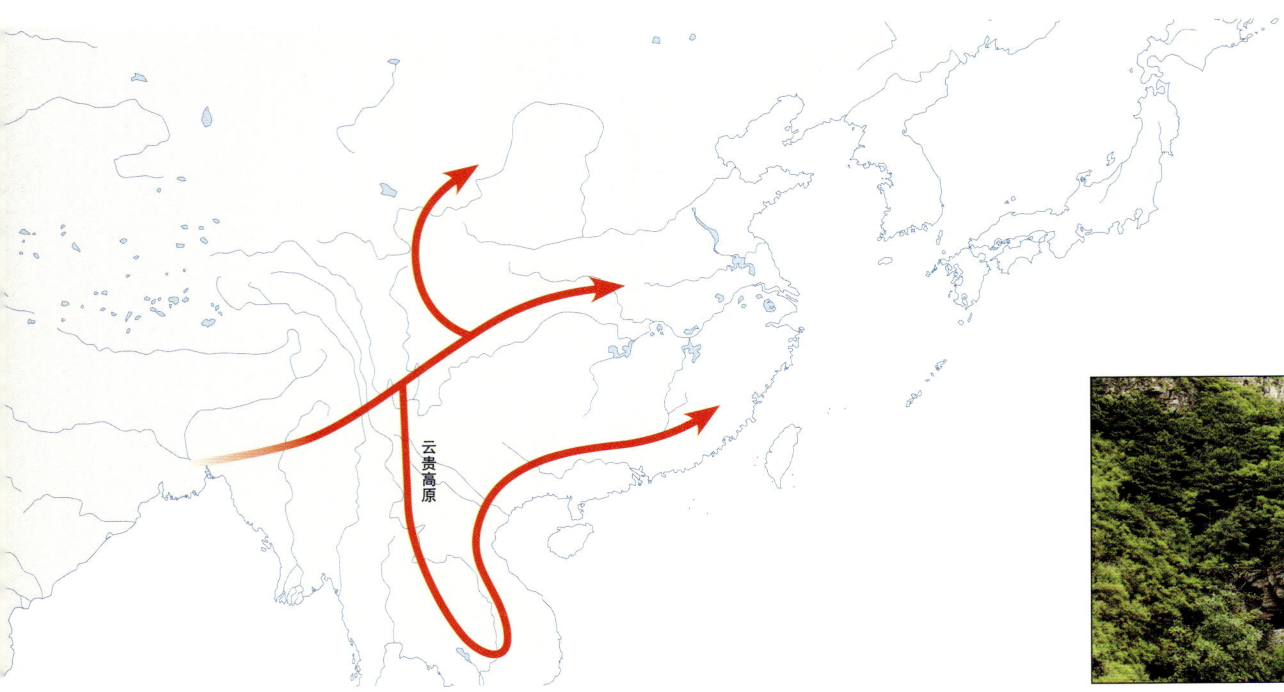

↑人类起源一元论之华裔祖先迁徙示意图。

↑周口店北京猿人遗址远景。

↑许昌人头盖骨化石，距今10万～8万年，它的发现填补了中国古人类进化的一个重要缺环。

按分子生物学的人类基因变异研究为最新依据之人类起源一元论的说法，人类起源于东非。大约在15万年前，已分化出了不同的人种与部落。10万年前，地球处于冰川期，大部分陆地被冰川覆盖，整个海平面比现在低120米，许多海床裸露。在东非，众多部落拥挤在这块火热的土地上，抢夺着有限的食物，于是一部分人开始走出非洲，向世界各地扩散。至距今5万年左右，向东扩散的黄种人，分南北两支分别进入中北亚和云贵高原。进入云贵高原的这一支，再分别向北、向东与向南流动，渐渐形成中国西北、东南的蒙古人种南北两系。

于中国而言，旧石器时代早中期的人类，主要生活在亚热带和温带地区，即珠江、长江和黄河流域。他们当时还不会营造居室，多洞居与巢居。古史传说的“有巢氏”，对应着这一漫长的历史时期。旧石器时代晚期，由于掌握了新的猎具，尤是人工取火的发明，使原始人克服了严寒，不断向北方拓展。远达黑龙江流域，都能找到他们生活过的印迹。蒙古人种两大支系的不同特征也愈益明显。

约在12,000年前，更新世最后一个冰川时期还没结束，白令海峡还没形成，亚洲与美洲之间，尚存有陆架，远古先民一拨又一拨越过白令海的陆架到达美洲，于是，美洲也成了另一个蒙古人种分布的广大地域。

遗传学上也有另一种说法是，棕色人种比黄色人种走出非洲要早5万年，他们沿印度沿岸走到南亚与东亚，又沿着海岸线北上，走过白令海陆架进入北美与南美，是最早进入美洲的人种。

已经发现的四五万年以来的中国古人类化石都是蒙古人种成长链的环节，存在一种连续不断的承接关系，并不像非洲和欧洲那样，常常可见人科内存在着截然不同的类系及种族灭绝迹象，这一明显的差别，值得古人类学及有关学界进一步探究。

从旧石器时代晚期到新石器时代早期，是一个漫长的历程。高山、沙漠、冰川、河流和湖泊等天然屏障，

↓今中国境内出土的古人类化石序列。

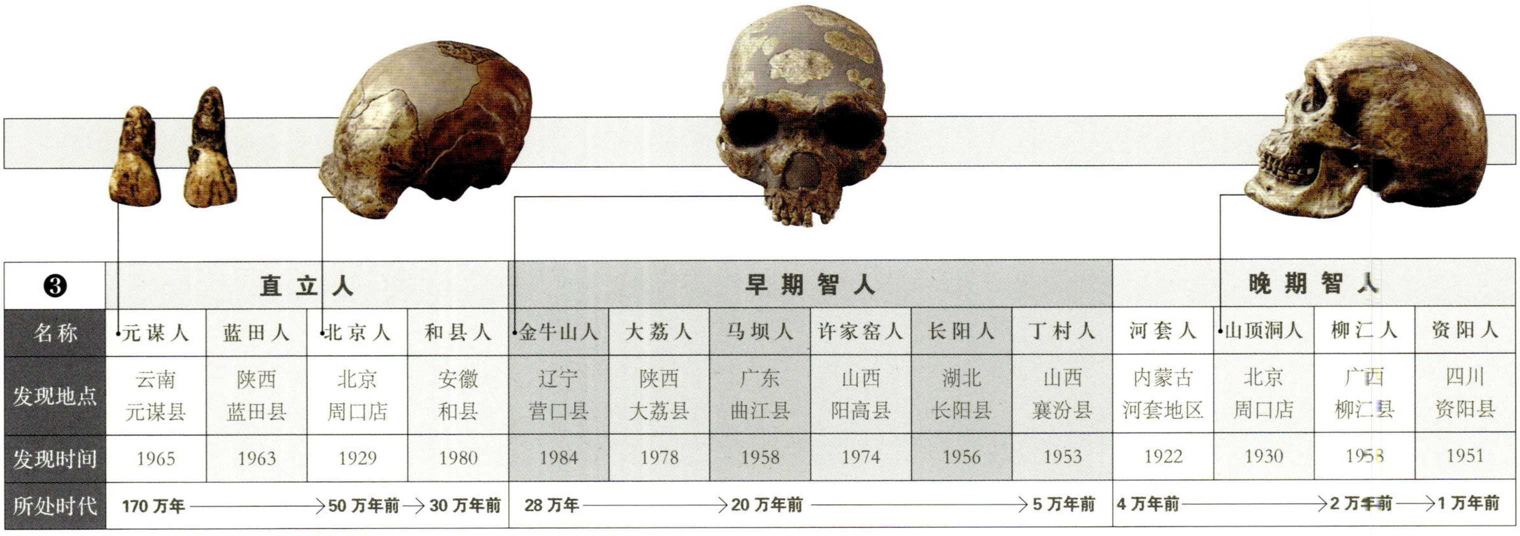

❸	直立人				早期智人						晚期智人			
名称	元谋人	蓝田人	北京人	和县人	金牛山人	大荔人	马坝人	许家窑人	长阳人	丁村人	河套人	山顶洞人	柳汇人	资阳人
发现地点	云南元谋县	陕西蓝田县	北京周口店	安徽和县	辽宁营口县	陕西大荔县	广东曲江县	山西阳高县	湖北长阳县	山西襄汾县	内蒙古河套地区	北京周口店	广西柳汇县	四川资阳县
发现时间	1965	1963	1929	1980	1984	1978	1958	1974	1956	1953	1922	1930	1953	1951
所处时代	170万年 →		50万年前 →	30万年前	28万年 →		20万年前 →			5万年前	4万年前 →		2万手前 →	1万年前

↑ 1万多年前龙骨山洞口的山顶洞人。他们在山洞口的篝火有专人看守，要保持日夜燃烧不熄。

使不同地区的远古群体之间处于一种相对隔离的状态。随着更新世最后一个冰期的终结，气候转暖，人类生存条件大幅改善。社会生产力发展的需求，引发了新石器革命。生产工具与技术的演进，反过来再进一步改善生存条件。于是，人口数量增加，强化了各群体内部人类自身遗传过程的发展，强化了人们体质上的地区性差异，到了新石器时代，分散居住于各地区的群体，都独立创造出具有各自特色的地区性文化类型。■

↑ 北京猿人复原塑像。

小资料　冰期 — 第四纪冰期

◎ 冰期是地球上气候寒冷、具有强烈冰川作用的历史时期。第四纪冰期可划分为几个冰期和间冰期。因此，又有广义和狭义的分别。广义的冰期指第四纪冰期，狭义的冰期指低一层次与间冰期相对应的冰期。也有人用大冰期一词代替广义冰期，而冰期仅代表狭义冰期。

◎ 大冰期是指地史中气候寒冷，极地广布冰盖，中低纬度地区有时也有强烈冰川作用的时期。大冰期中，气温不是在一个寒冷的水平上，寒冷与相对较温暖的时期循环地变化着。较寒冷的时期叫冰期，冰川作用强烈，冰盖向中低纬度扩展，高寒地区雪线显著下降，海平面下降形成大面积海退。相对温暖的时期叫间冰期，冰川作用相对变弱，冰盖向高纬度退缩，雪线升高，海平面上形成大面积海进。

◎ 中国第四纪冰川沉积分布在东北、西北和西南的山区及高原地区，东部山前平原是否有冰川沉积和中国是否有大陆冰川还有争议。

◎ 大冰期及冰期的形成与地球表面气温下降有直接的关系。

↑ 旧石器时代，人类族群之间距离较远，甚少接触，可谓"老死不相往来"。互相遭遇时，多因水源或猎物引起争执，这就需要由族中的巫出面调解。

人与自然

←呈现史前地震及洪灾的青海民和喇家遗址的地理位置。

↑北京猿人时期的剑齿虎复原图。

刚从动物界走出来的人类，身无厚甲，也无利爪尖牙，既缺乏奔驰的速度，又不能敏捷攀援。每当暗夜来临，四野凶禽猛兽明灭不定的目光已足令他们战栗不已；也不用说山岚瘴气、四时瘟疫，就是我们现在视之为小病小痛的肠炎感冒、肌肤破损，都足以轻易夺去他们的性命。一旦发生洪水、地震、天火、严寒，更可使他们整个种群灭绝。

以70万～22万年前的北京周口店龙骨山为例，当时这一带的气候相比于今天，就差异极大，漫长的数十万年间，早期偏冷，中、晚期温湿。此地北部层山叠嶂，森林茂密，杂草丛生，凶猛的剑齿虎、庞大的猛犸象及犀牛穿梭其间，洞熊、山豹、豺狼四处出没，最令人毛骨悚然的是群出的鬣狗。即使是大型猛兽，一旦遭遇鬣狗群，也往往尸骨不全，又何况人类？我们现在称之为“北京猿人”的先祖，为了争夺龙骨山上的那洞穴作为安身之所，与鬣狗群的残酷战争竟时断时续绵延了几十万年，山洞曾多次易手。在这种以命相搏的战斗中，我们的先祖们，是如何一代接一代地通过手势、进而是简单的语言进行沟通，终使战斗个体组成为战斗集体？这真是一个令史家和艺术家想象无穷的命题。

↓齐家文化的青海民和喇家遗址是中国最典型的史前灾难遗址，多处房址里面的先民都来不及逃走就迈向黄泉……有一座房址内三五成群地聚集了多达14位罹难者，一组组人骨呈不规则姿态分布在面积仅约14平方米的屋内，他们有的匍匐在地，有的侧卧一旁，有的相拥而死，有的倒地而亡。遗址中心处一成年人两手举过头顶，双腿呈弓步，死亡时身体还未完全着地。西南隅有5人集中死在一起，他们多为年少的孩童，其中有一长者似用双手护卫身下的4人。

↑另一房址也发现可能在同一时间因同样原因死去的两人，长者双膝跪在地上，用双手搂抱着一幼儿，幼儿双手紧搂长者之腰。长者脸朝上，颌部前伸，像是祈求苍天。这位怀抱幼儿者经初步鉴定为女性。母亲抱着婴儿蜷曲着死在房内的场景比什么样的语言都更震撼人心……专家研究表明，该遗址先在地震中坍塌、后经受了洪水的毁灭性冲击。

↑数十万年间时断时续的龙骨山之战。据龙骨山洞穴内叠压地层的分析，70万年前，洞穴原先的主人是亚洲鬣狗，北京猿人属于后来的入侵者；洞穴内高达40米的堆积物中，叠着好几层鬣狗粪，这说明，洞穴曾反复被鬣狗夺回。北京猿人则在距今22万年前后徙离，龙骨山也失去了鬣狗的踪迹。完全可以想象，悠悠50万年里，人兽间的侵略与反侵略战争是何等惨烈！这是人类史上最漫长的战争史诗。

北京猿人常数十人结成团体，使用简陋的工具和武器，猎取野生动物和采集植物果实、根茎作为食物。在他们生活过的山洞，至今还留有大量被打碎和烧过的动物骨头。其中，也夹杂有他们自己的骨头。这些考古发掘，证明了那几十万年间，人类是如何忍饥挨饿、如何与野兽搏杀争夺生存空间——不是被野兽吃掉，就是自己吃掉野兽；当身处绝境时，他们也不免互杀相食……当时的人类寿命短促，有三分之一人活不到四十岁。

他们在赫赫天威之下，战栗着向前走，并顽强反复试探着与自然界共存的方式。

在22万年前，他们离开了龙骨山。

但他们到底是被第四纪冰川的严寒所灭绝？还是跨越了漫漫的几十万年而与我们今天有着某种程度的基因链接？

中国古人类学的材料支持了后者，却并非是终极答案，仍有继续探索的空间。■

↓"雷电乍现，江河奔突"，远祖先民只能在大自然的"淫威"下日夜战栗。

↓旧石器时代北京猿人平均寿命目览。

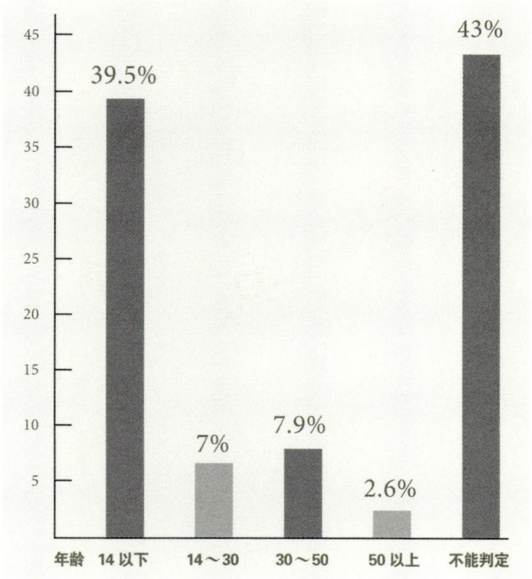

超越动物界的开端

↑燧人氏钻木取火的想象图画之一。

←以火攻弓。远古先民以火烤烘竹木制作弓箭。／左边的制弓匠把一段小横木别于绞缠索中间，用来一圈圈渐渐收紧缠索，以助木弓在火的烘烤下定型。

↑云南大河旧石器文化遗址外景。

火，人类至今对之心存敬畏。在芸芸动物界，或者说在所有具指爪功能的灵长类中，唯有人类，才最终克服了对火的天然恐惧，并进而发展至利用火、控制火乃至人工取火。

正是人类，也只有人类敢于靠近火，并伸手拿起燃烧着的树枝。就是那一刻，才使人类本质上超越动物界。从此，高擎火把的人，在自己与动物之间划上了一道永远不可逾越的鸿沟。

火的利用，大幅度丰富了人类的食物来源。煮熟了的食物更易于咀嚼、易于消化，使人的体质发生了变化，牙齿和颚逐渐变小，大脑则逐渐增大，身体长得更高更健壮。火可以取暖，帮助了人类渡过寒夜严冬。火可以照明，增长了人类活动的时间。火可以驱赶野兽、狩猎，进而用以加工工具。人类一旦掌握了火，便在生存竞争中取得了无可比拟的优势。云南元谋遗址中所发现的炭屑和烧骨，证明了至少在170万年前，人类就已经懂得使用火。在北京人遗址中的13个文化堆积层，绝大部分层次都堆积着很厚的灰烬、烧石和烧骨，有些灰烬厚达数米，证明当时的人类，已经掌握了保存火种的方法使之长燃不熄。

从民族学资料分析，当时保存火种有两种方法：一种是固定的保存火种的措施，即不断往篝火或火塘中添燃料，而且日夜有专人看护，使火堆世世代代永燃不灭。另一种是可以移动的保存火种的方法，如使用火种罐。

流传于西南少数民族中的原始取火法

↑拉祜族的锯竹取火法。

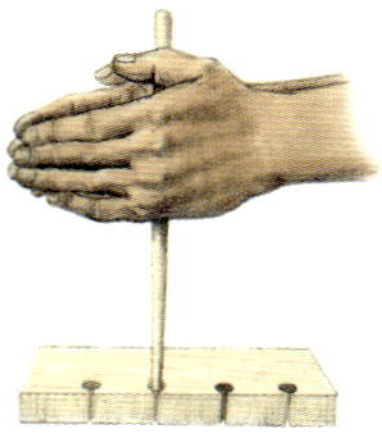

↑黎族的钻木取火法。

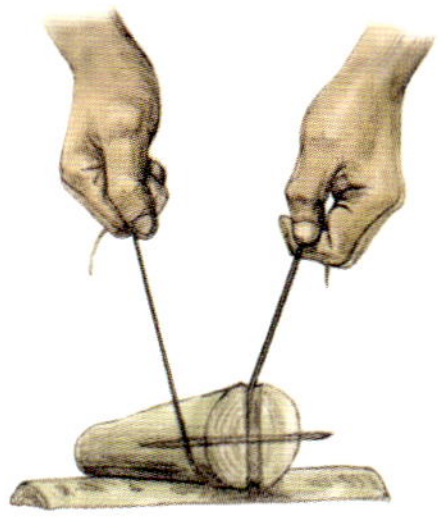

↑佤族以绳擦木取火法。

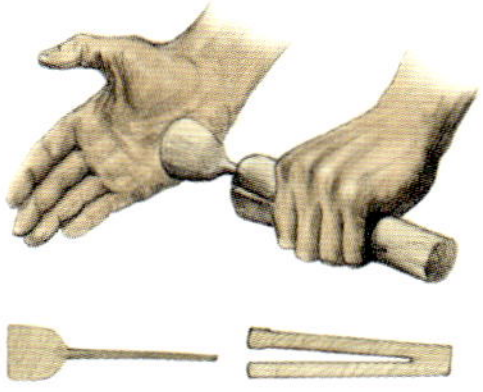

↑傣族、景颇族的压击取火法。

→石煮法烹食。

←云南富源大河旧石器文化遗址火塘遗迹，距今4万年以上。

↑自然火的燃起，是猿人在惊恐过后最盛大的节日。他们心怀敬惧，引燃手中的火把，然后携带着火种在辽阔的大地上四散开来。手中高擎的火炬，克服了他们心中对黑夜与猛兽的恐惧，从而披荆斩棘，远出寻觅近水源、食物、更适宜居住的宿地。

↑数千年来一直使用、至今尚存的鼓风皮老虎。

毕竟保存火种不是最牢靠的办法，于是人类便发明了史前的“打火机”——用燧石打击硫化矿石，利用溅起的火花点燃引火物。而据民族学资料的推断，史前的狩猎者和采集者最主要的方法则是钻木取火或锯木取火：双手猛烈转一根硬木棍，硬木棍的尖端顶在一块干燥的软木板上，剧烈的摩擦产生高热，足以引燃细木枝或火绒（一种干燥的真菌丝）。各种原始取火的方法，都是以机械能转化成热能为原理，这也是人类最早掌握的物理知识。

火，成了人类各族群世代延续的命脉，拥有火、懂得生火、使用火与保存火种的族群，便高擎火把迈向文明进化的历程；反之，失去火种的族群，可能便永远湮灭在远古洪荒的沉沉黑暗之中了。

以火种为中心的人类族群，开始凸显于自然界的万千物种之上。在中国神话与古史传说中，人类这个历史阶段，以一个神话人物来代表，就是“燧人氏”。

燧人氏，光明的礼赞。■

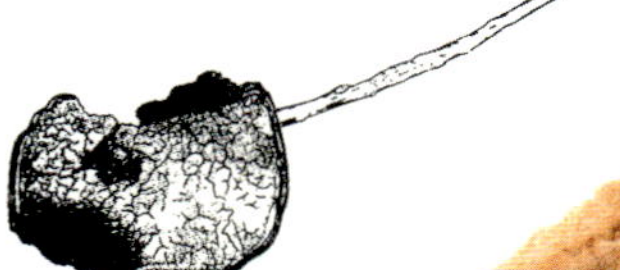

↑鄂伦春族的贮火工具（上）。北京周口店龙骨山出土的旧石器时代灰烬遗存（下）。

↑内蒙古发现的新石器时代火种罐。

我思我在 …………

巫、灵界、艺术之源

↑满族萨满法师的跳神。(《会说话的巫图》)

火的保存和利用，使人类从日夜无休止纯粹为基本存活而奔命中争得了可以喘息与休歇的时间与空间。此时，远古先民们在居穴内围坐火堆前，暂时抛开了在外间极度绷紧的警觉与恐惧。但短暂松弛了的内心，却呈现出一片茫然。

我们从哪里来？死后到哪里去？……梦境是生命的另外一种方式吗？……漫漫长夜，他们眺望天际星河，“俯察品类万物”，从自身推及万物，再由万物联系自身……“雷电乍现，江河突奔”，使他们深怀畏惧，觉得人在浩茫无际的宇宙中实在身若微尘；生命随时失去，又可否再度回归？……他们追寻生命之源及其归宿，世代先祖的幻象，自近推远，在他们心内有如茫茫天际中不可思议的星光……于是，生与死，人与灵的二界意识在明灭不定的火光中朦胧呈现，又由朦胧而似“清晰”，最“清晰”的人，便成了二界间起媒介作用的了不起的人物，这种上古社会特殊的人物，在南方称之为“巫”，在北方称之为“萨满”。最早的巫由女性担任，后来才有男巫，称之为觋，统称巫觋。

最初通灵的巫觋由氏族的首长担任。古史传说中，伏羲创八卦，神农尝百草，就是酋巫合一的史影。巫觋具有双重身份：一方面，是氏族成员，从事劳动，接受氏族分配；另一方面，在灵体附身之时，即为神及祖灵的代言人，被视作亦人亦神的先知。他们除了主持祭祀、占卜、施术等与神灵及先祖沟通的仪式之外，还采药治病，指导生殖知识，观测天文气象，传播生产技术。在

←濒临黄海的山东成山头，是中国大陆海岸线的最东端。这里曾被认为是日神居住之地，受到历代帝王的拜祭。

↓湖北东门头遗址的太阳人石刻，距今7000年。被认为是天体崇拜的证据。

↑河南临汝出土红陶瓮棺，上方小孔为亡灵出入而设。

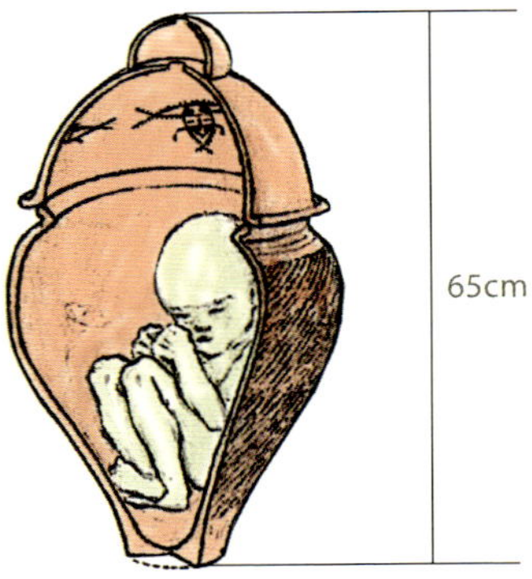

↑瓮棺剖视图。

↑福建漳平奇和洞出土的、由砂岩砾石磨制的鱼形雕刻钻孔配饰件，年代距今1万年以上。

↑刻纹鹿角。河北兴隆县出土的这块古代鹿角，三面各雕刻着水波纹、叶纹和∞字回纹。据测定，该雕刻品距今已有13,000年的历史。专家考证，刻纹鹿角很可能是主持祭祀的巫师手持的法器，也有可能是代表部族首领权力的象征物。

↑石器时代的瓮棺葬。瓮棺葬流行于中部及西北，以仰韶文化半坡时期最盛。此葬式专为夭折的童稚而设。瓮棺大都埋葬在母亲住房周围，希望幼小的灵魂依然能贴近母亲而得到呵护。

←河南贾湖遗址出土的龟甲，内装石子，古人用以占卜。

↑山顶洞人的葬礼／石器时代的葬式有多种：屈肢葬、直肢葬、侧身葬等。下葬时在尸身下或身上撒上赤铁矿粉，象征流着鲜红血液的生命之再生。

远古时期，巫是知识的通才。

在二界沟通之时，人类把自身比附灵界，例如认为天、地、神、灵都有人一样的七情六欲，且雷有雷神，雨有雨神，鸟兽草木，皆各有所司，各具其灵，人世，是一个由灵界统辖的有序之界。为了取悦灵界，令灵体赋予自己更多福祉，他们以歌舞、收成甚至生命奉为祭品。祭祀是上古先民首要的、最隆重的生活大典。而祭祀中献祭的仪仗，以及歌舞、吟诵，便成了人类文化艺术的发源。

在远古，灵的具象表达呈现于图腾。图腾是外来语的音译，在中国，大多称之为“族徽”、“氏族表记”，其实，它所蕴藏的奥博含义又不仅仅如此是。现代人往往只看到古代图腾的工艺性。其实，这些器物与纹饰，都蕴藏着种种关于神、关于神思的表达，关于祖先及氏族历史等思维与观念的“密码”。所以那些器物与纹饰，都是神器神文。

至今，图腾不仅作为远古一种主要的艺术形态而存在，还是学者探索人类精神本源的最重要的依据。■

↑河南新郑赵庄遗址发现的、距今约35,000年、由大象头骨与石英砂岩石块组成的人类宗教生活遗迹。

→河北北福地陶刻动物形面具，为史前先民祭祀用品，距今8000～7000年。

↑半山文化钵上的骷髅式巫师像。骷髅可能被视为是巫师再生的基础。

距今1万年前，人类迎来了以“新石器”为标志的新纪元。
此后数千年间，人类的演化进程，与此前漫漫数百万年相比，简直是一日千里。
人与自然的关系，从此发生了根本性的改变。

革命
从适应自然到利用自然

革命 …………

从适应自然到利用自然

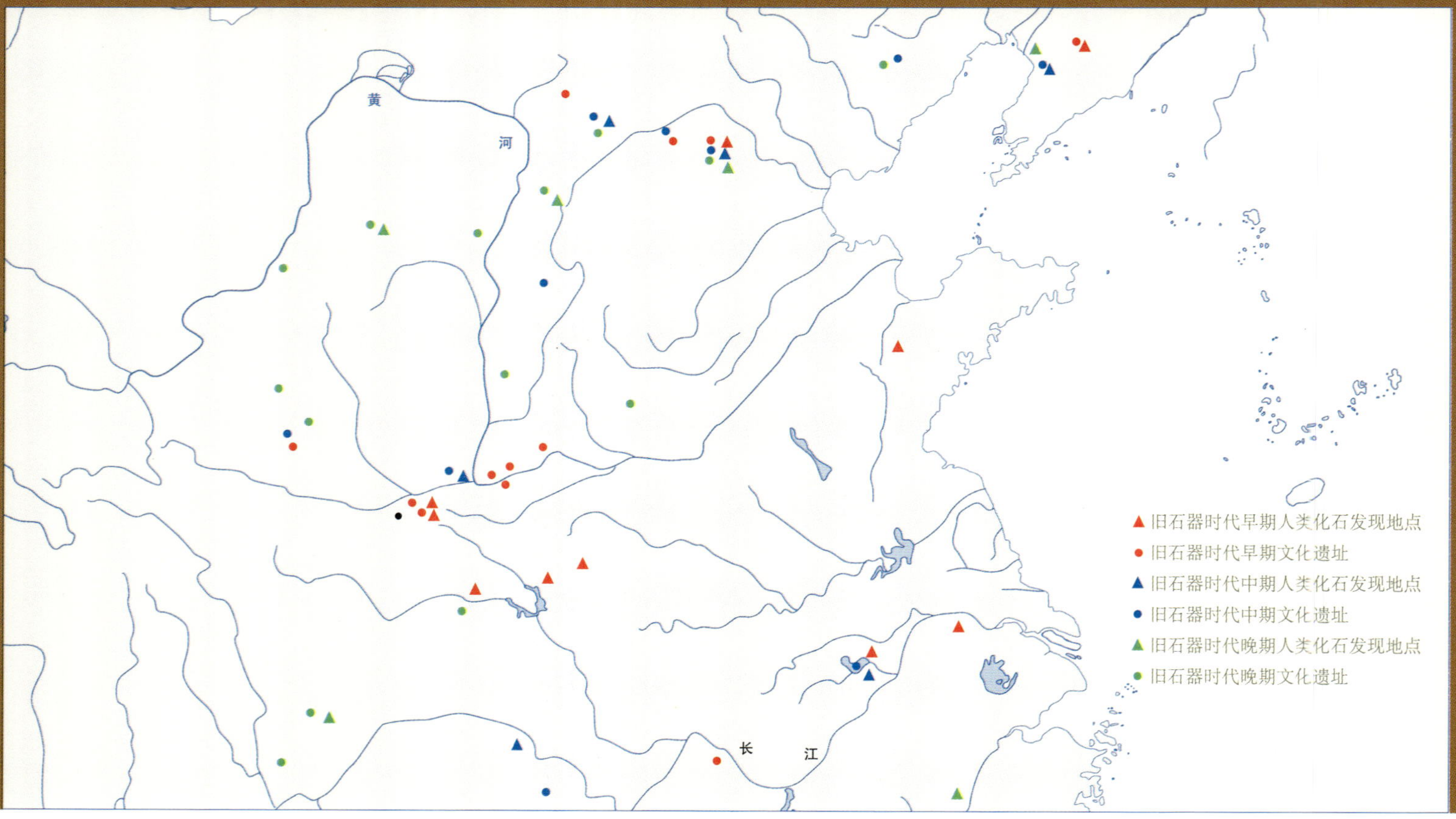

石器加工方法图示

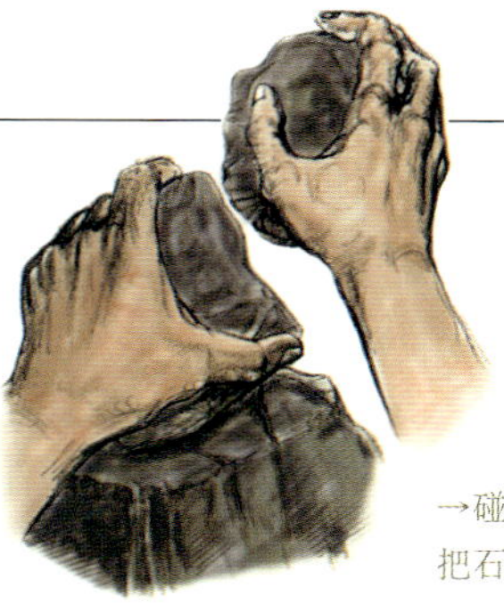

→砸击法：
把石料放在石砧上，用石锤砸击。

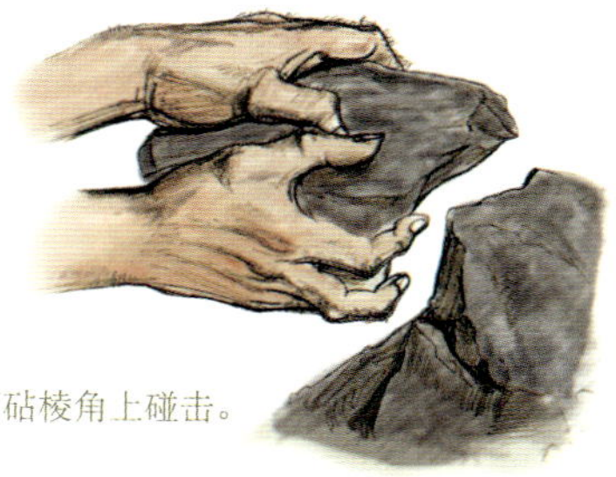

→碰砧法：
把石料往石砧棱角上碰击。

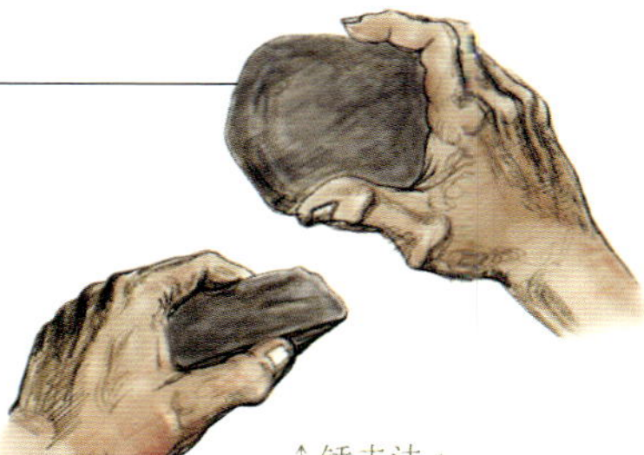

↑锤击法：
用石锤直接对石料进行加工。

↑云南大河旧石器时代遗址莫斯特文化特点尖状石器，其文化来源存在激烈争议。

末次冰期结束以后，即 12,000 多年前，全球气候开始进入一个较长的、适宜的温暖期，人类社会也开始了一个快速发展的阶段。

在距今 1 万年前后，旧石器时代结束，迎来了考古学盛称的新石器革命。人类在这 1 万年，比起此前的几万年演化过程要快得多，出现了本质上的飞跃。

这次革命中，人们掌握了植物栽培和动物驯养的技能，社会经济由攫取型转变为生产型。社会生产和技术发展速度加快，人类的繁衍能力增强，生存条件改善，人口急剧增加，原始信仰、原始宗教以及原始艺术愈益成熟，原始文化呈现出崭新的面貌。人类走出了洞穴，到平原河湖旁定居下来，建造了可遮风挡雨、防兽避害的居所。从此，人类对土地的依赖越来越重了，环境与人的关系更为密切，地域意识出现了，人与人之间的交往和联系增多了，集团观念发展了，社会结构从氏族、部落，进入了氏族公社时代。

从现有考古材料看，南方进入新石器时代似乎更早，像湖南的玉蟾岩、江西的仙人洞、广西甑皮岩的先民，都居住在天然洞穴之中，在祖辈传承的渔猎和采集为谋生手段的同时，已经开始栽培水稻，制作陶器，并创造了磨制石器的工艺。

所谓新石器，是经过研磨和钻孔、制作比较规范的石器。研磨与钻孔这种新工艺，是生产技术上划时代的进步。它不仅使石器产生了革命性的发展，而且也延伸运用到木器、骨器、蚌器的制作上。磨制石器器形规整、刃部锋利，多有穿孔。器物种类上，除了少数采集、渔猎工具外，更主要的是制作新兴的农具，如石斧、石铲、石锄、石刀、石镰、磨盘等，这些都是农业出现的重要标志。■

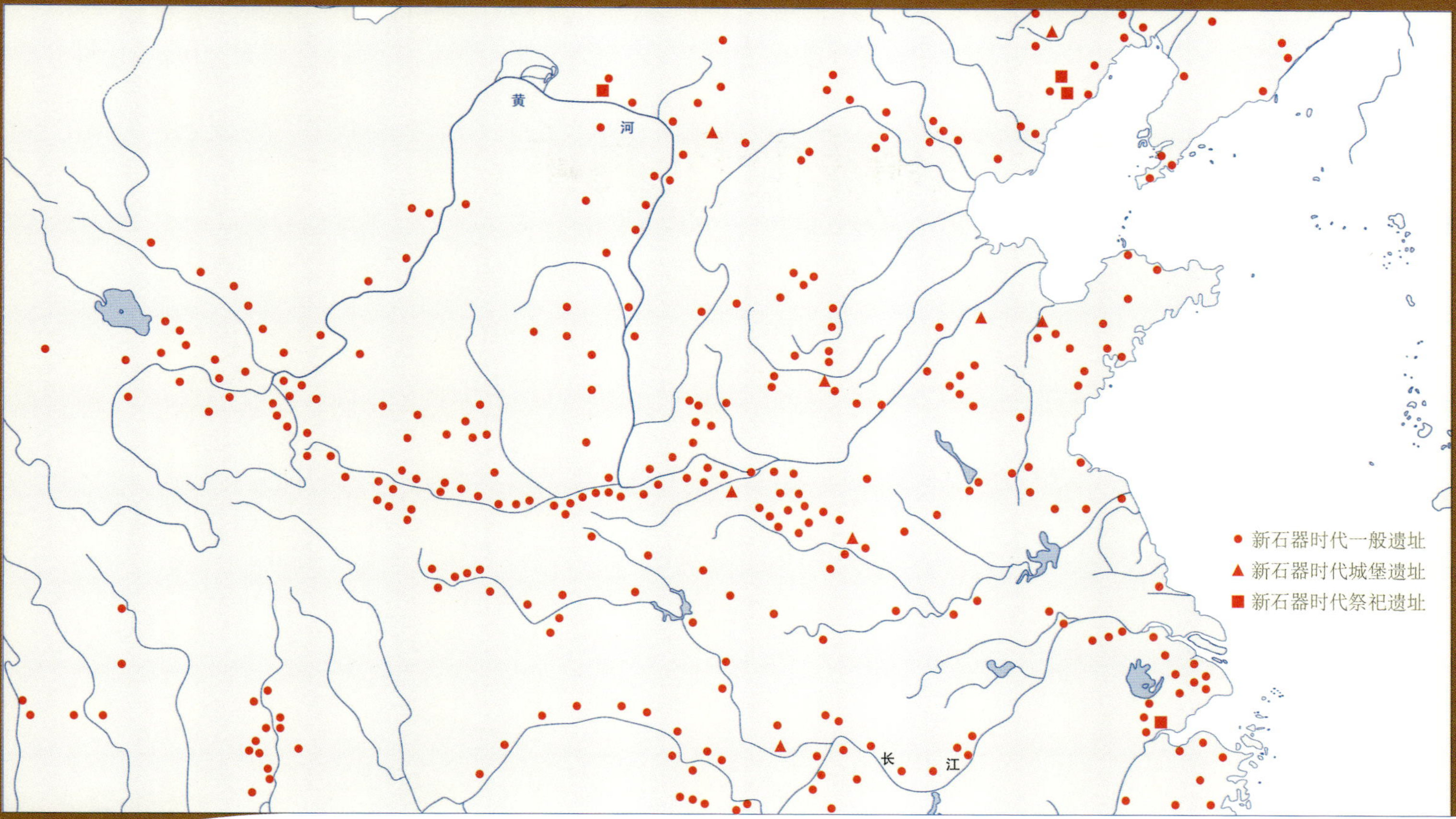

石器钻孔方法图示

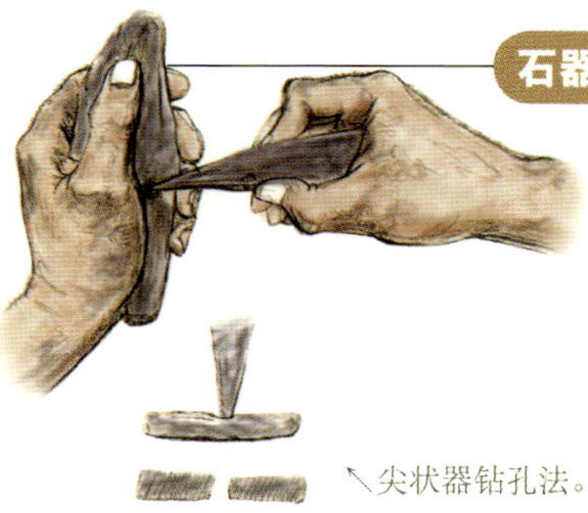

↖尖状器钻孔法。
↗骨角器钻孔法。

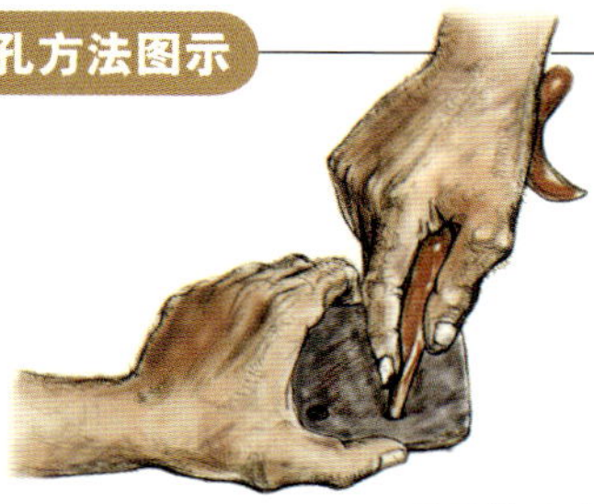

→弓弦钻孔法，即拉动弓弦，带动钻具钻孔。

↗河北于家沟遗址出土的蚌制装饰品。

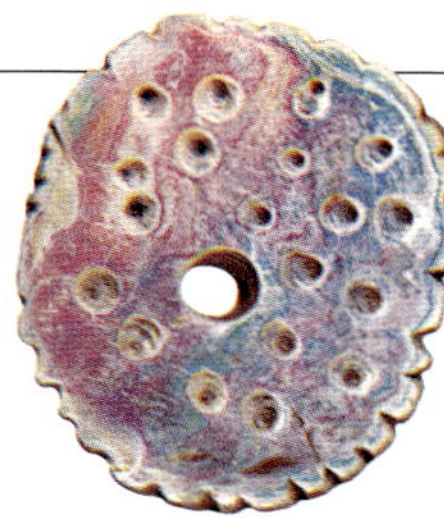

←穿孔蚌器，以长江流域大河蚌制成，用来挖掘松土或刮削兽皮。中间的穿孔用石制尖状器钻磨而成。

→裴李岗出土的新石器时代锯齿刃石镰，是一种收割用农具，作用与石刀相同。

小资料 石器时代

考古学上的分期，是以生产工具的发展为基准的。所谓石器时代，是人类使用的生产工具主要以石材为原料加工制作，它是人类最初的主要的生产工具。在很长的时期内，石器在生产中占有支配地位。这一时代开始很早，具体被划分为旧石器时代和新石器时代两个阶段。不同时代或文化的石器，制作工艺和器形都具有不同的特征。甚至晚到青铜时代，某些石器在生产上仍然发挥着主要的作用，所以，在我国青铜时代的早期，即距今4000～3000多年的那段，考古学上也称为“铜石并用时代”。根据石器的制作方法，又可分为打制和磨制两大类。随着时间的推移，制作工艺和器形都有显著的变化，因而石器的制法和器形，常常成为判断遗迹年代或文化性质的重要标尺。

工具…………

从竹木骨角石到复合工具

←在弓箭发明之前，火、石刀、石斧与棍棒作为武器使用，其出发点首先是防御性的。人类在天敌面前，还是处于守势。但弓箭的发明，却使他们由守势转入攻势。这种纯粹的远距离攻击性利器，是人类第一次以机械操控物理能量的成功尝试，从此，人类就开始掌握“科学”，使其发展有如坐在射出的羽箭上一般迅速！

↑“用这羊角发掘植物的根茎，看来比用指头强得多。”——古猿先祖理应有过类似的思索。

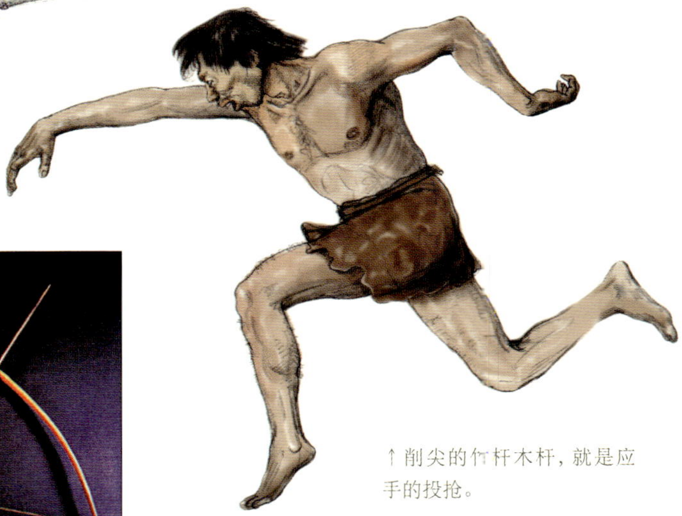

↑削尖的竹杆木杆，就是应手的投抢。

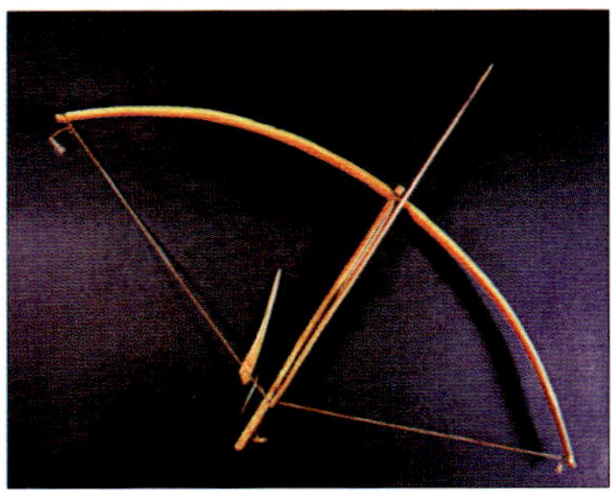

↑东北鄂温克人狩猎用的弓箭。此弓箭的特点是有箭耳，将弓拉满后，以箭耳锁住箭及弦，保持满弓状态以静待，随时可以放箭射取猎物。

虽然，历史教科书把史前时代标示为石器时代——旧石器和新石器时代——但如据此标示就认为只有石头才是人类原始生活的谋生工具，那就太低估我们远祖的智慧了。

在考古学上以石器来标示史前时代，是因为出土的这个时代之生产工具往往是石制品，而鲜见有其他质料制品。但从民族学的角度去考察与推演，情况则似乎不一样。因为，当代仍处于原始状态的部落中，使用竹、木、骨角工具的，相应比石头制作的为多。

其实，先民们在使用石器时，同样使用木、竹、骨角、藤麻和皮革制品，每一种材料都有其技术上的进步史。浙江河姆渡等遗址发现了大量骨器，以至有人提出，要不要划出一个骨器时代；也有人提出竹木文化区的概念——由于热带亚热带的林木资源极度丰富，竹木成为当地人类制作工具的主要原料，而石器只作为简单的砍砸工具。换句话说，石器时代的概念，在这类地区是不适用的。而这一时期相当漫长——东南亚和中国的南方，便是竹木文化的典型地区。

实际上，石器时代应该是石器、骨角器与竹木器并存发展的时代，有的是组合成复合工具使用的，例如石斧与斧柄、石镞与箭杆。

弓箭的发明是原始社会划时代的大事，等于数十倍地延长了人的捕猎距离。弓箭是复合工具，轻便易携，准确度高，杀伤力远比石球和飞石索为大，足以猎杀大型猛兽，这使它成了攫取型经济的主要生产工具。弓箭

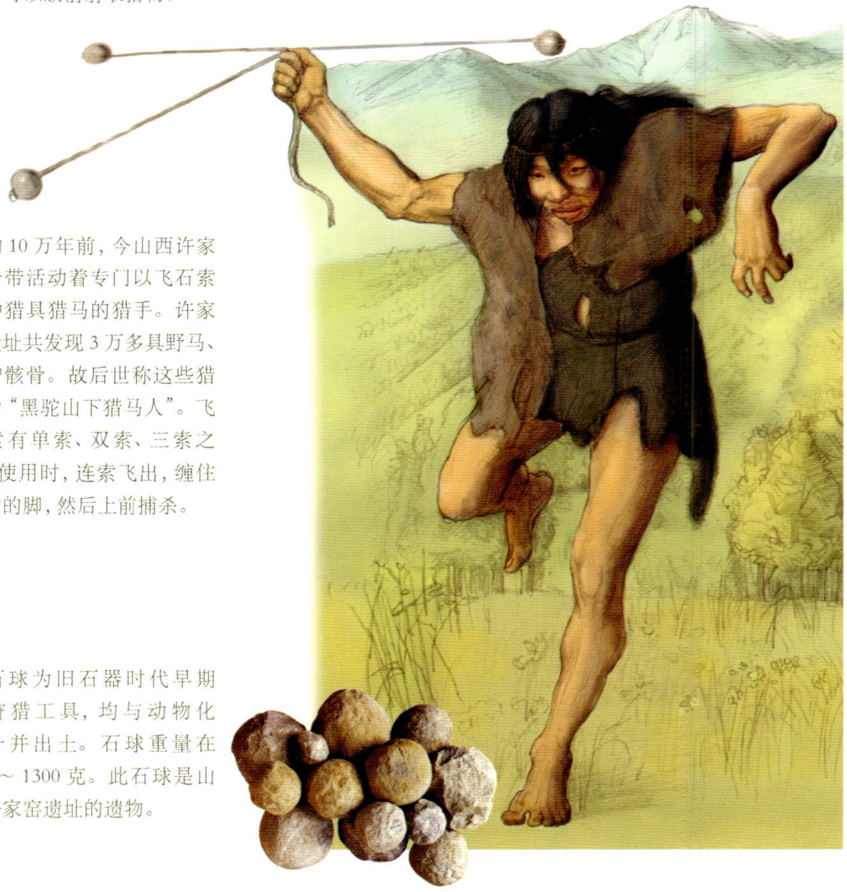

→约 10 万年前，今山西许家窑一带活动着专门以飞石索这种猎具猎马的猎手。许家窑遗址共发现 3 万多具野马、野驴骸骨。故后世称这些猎手为“黑驼山下猎马人”。飞石索有单索、双索、三索之分，使用时，连索飞出，缠住猎物的脚，然后上前捕杀。

↘石球为旧石器时代早期的狩猎工具，均与动物化石一并出土。石球重量在 500 ～ 1300 克。此石球是山西许家窑遗址的遗物。

↑西藏昌都卡若遗址出土的骨针与骨锥。

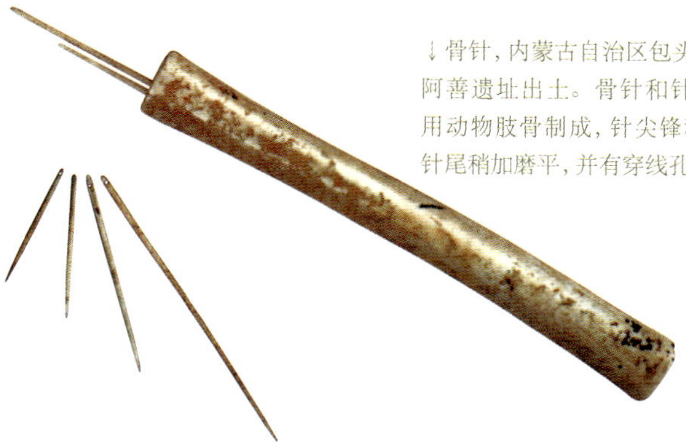

↓骨针，内蒙古自治区包头市阿善遗址出土。骨针和针筒用动物肢骨制成，针尖锋利，针尾稍加磨平，并有穿线孔。

↑双玉刃骨柄刀。

↑骨叉、骨勺、骨刀。青海省同德县宗日出土。

↖竹编的各式捕鱼篓。

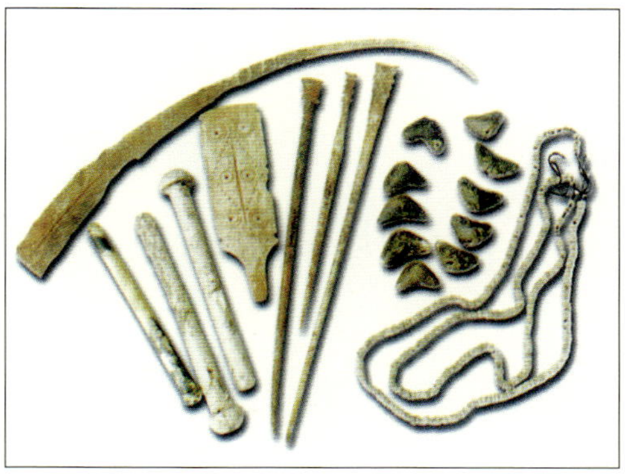

↑江苏金坛三星村遗址出土的各种骨器。

的发明也推动了其他工具在物理性能上的改进。仅就弓箭而言，再向前发展，便演变成弩或弋。弩是在弓上装上木臂，箭置于弩臂上，可以用双手操作，也可以安装在地上，具有更远的射程、更高的准确度、更大的杀伤力；弋是在箭尾连上一根细绳，更多地用于猎取水下的鱼类，便于猎人射中猎物以后挽绳而取。

从原始社会至中世纪的整个冷兵器时代，弓弩既是猎具，也是威力最强、最受重视、最普遍使用的兵器。

对于远古先民而言，生产工具与武器之间不存在严格的分野，石斧、石刀、长矛、棍棒，既可以是工具、也可以是武器。最早的专门兵器是戈，它的出现，是在距今约4000年的新石器时代晚期。■

↑刮削器（左）、尖状器（中）、手斧（右），均为加工竹木骨角的工具。

从采集渔猎到驯化圈养

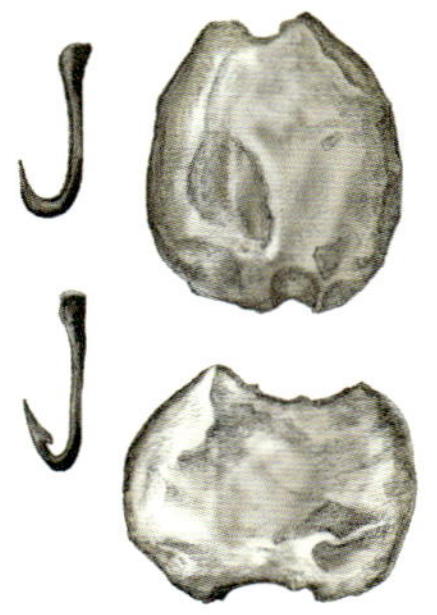

↑史前的鱼钩与渔网坠。

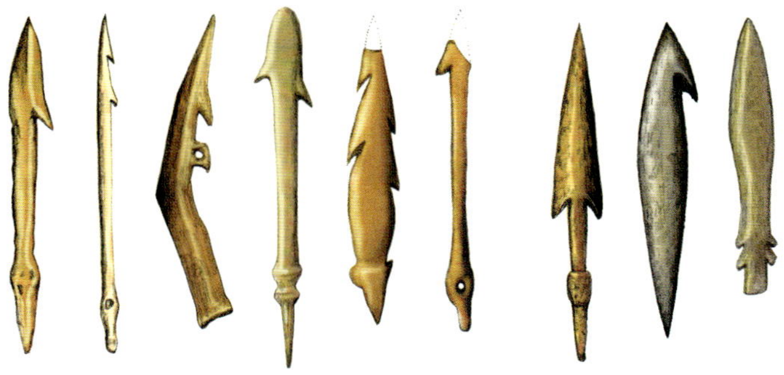

↑史前的各式鱼镖。

采集是人类最早期的生产方式。在200多万年前到100多万年前的更新世早中期，华南热带、亚热带的河流附近，是早期人类居住与获取食物的理想地带。河流两岸的动植物繁茂，可供作食物的有嫩叶、枝芽、根茎、块茎、果实，蚁蜂等昆虫，贝类，蛇、鸟等小动物，以及各种动物的卵。

渔猎是最原始的维系生存的方式之一，是攫取型经济形态。旧石器时代，先民已经从事渔猎，而后逐渐发明了带索镖、飞石索、投枪和弓箭，减少了狩猎者的伤亡，而大幅度增加了收获。有些自然生态学者把这一历史时期称作以人类为“杀手”的“更新世的滥杀期”。人类猎杀规模之大，导致很多大型食草兽类从此灭绝。人类的攫取型经济对动物界的侵凌亦由此开始。现今山西省10万年前的许家窑人主猎野马，被称为“猎马人”；现今内蒙古4万年前的河套人，由于主猎羚羊，被称为“猎羊人”。从这两个遗址出土的野马骨和羚羊骨，可谓堆积如山。

进入新石器时代，渔猎技术更进一步发展，它在农业氏族社会中依然占据重要地位，仍是物质生活的主要来源之一。在江河湖泽密布地区和沿海地区，捕鱼及采集贝壳类则在经济中起着举足轻重的作用。东南沿海的贝丘遗址，出土的成堆成堆的弃置空贝壳就是证据。

随着生产力的发展，人类已经可以获取更多的物质资源以满足生存需要，且有时还有积余。于是，驯化和圈养猎物就在捕猎的基础上应时而生。上溯旧石器时代晚期，人类已经注意对狗、鹰的驯养。

从考古资料看，远在8000年前，即普遍产生出农业定居的生活形态时期，我们的先祖们已经大量饲养家

↑陶猪，新石器时代河姆渡文化遗物，1973年浙江省余姚市河姆渡出土。从事稻作生产的河姆渡氏族，猪是其主要的饲养家畜。

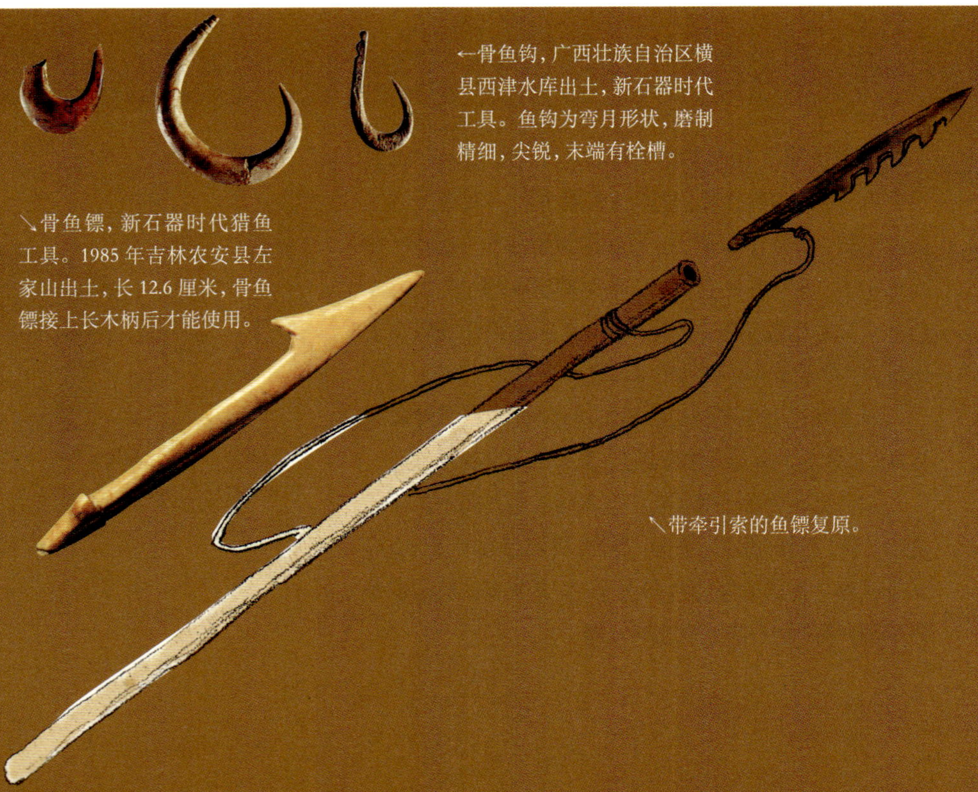

←骨鱼钩，广西壮族自治区横县西津水库出土，新石器时代工具。鱼钩为弯月形状，磨制精细，尖锐，末端有栓槽。

↘骨鱼镖，新石器时代猎鱼工具。1985年吉林农安县左家山出土，长12.6厘米，骨鱼镖接上长木柄后才能使用。

↘带牵引索的鱼镖复原。

↑东北先民在盛夏时节驾桦皮船撒网捕鱼，妇孺采集果实。

猪由野生到饲养的体形变化图

亚洲野猪：
头部占身体70%，有獠牙，食肉动物，产肉少。

原始家猪：
头部占身体50%，食粮草和肉食，产肉多于野猪。

现代家猪：
头部占身体30%，一般食粮草，产肉量高。

畜、家禽，但南北有差异。在中原，起初饲养的是猪、狗和鸡，南方则饲养猪、狗和水牛。水牛饲养，也北传到渤海湾一带。新石器时代晚期至夏商，又添了马、山羊和绵羊，于是，马、牛、羊、猪、狗、鸡，“六畜”具备了，饲养经济已初具规模，成为了农业中一个重要的组成部分，为农耕部落提供了比较稳定的肉食、皮毛来源；家畜成为了当时财产的主要计量标准；驯化家畜家禽的过程，为后来畜牧经济奠定了技术基础，新石器时代末期西北地区游牧民族的崛起，便是在驯养动物的背景下产生的。■

→陶鸟、鸡、狗，新石器时代屈家岭文化遗物，湖北省天门市石家河文化邓家湾出土。

↓半坡遗址的畜栏复原图／距今7000年以前，南方的河姆渡文化流行干栏建筑，上层住人，下层关养猪、牛，并且在干栏附近修建有以树桩围筑的畜栏。其实，在今日海南黎族、云南哈尼族的干栏建筑下也有类似畜栏。在西安半坡、临潼姜寨等仰韶文化遗址则有方形、长方形畜栏，是以树桩围起来的，上有棚盖。

从火耕到耜耕

↑秦岭山脉，横亘陕西省南部。

↑淮河，发源于河南桐柏山，向东流经安徽，在江苏分别注入长江及黄海。

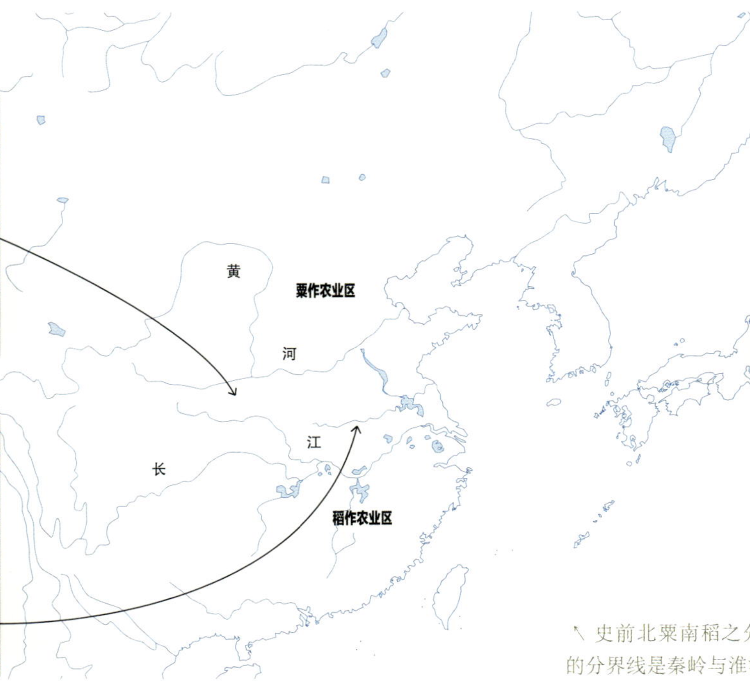

↖史前北粟南稻之分布示意图。两大农业区的分界线是秦岭与淮河。

↑河北武安磁山新石器时代粮窖遗址。

火耕又称刀耕火种，是最古老、最初始的耕作方法。时至今日，火耕依然通行于世界各地的一些原始部落。所谓火耕，包括了祭祀神灵、砍伐树木、放火烧荒、播种、看护和收割等过程。火耕要求有一定密度的丛林，但又不宜过于茂盛。较早的农业遗址，起初都在较高的坡地上，后来才拓展至河边湖畔。由于烧荒后没有进行翻地，地表的灰肥容易流失，地力容易减退，土壤容易板结，于是，一般烧荒后种一两年便荒弃而另辟新耕地。这称为生荒耕作制。

农业的兴起，就是这样以大量销毁地表植被为代价的。

后来发明了耜，摸索出人工翻地、改变土壤结构的技术，并顺应自然规律，以定期休耕与人工施肥来延长土地的有效使用期，这便进入了相当稳定的熟荒耕作制，其间的程序，包含了播种、管理、守护、收割、贮藏和加工，分工合作的农业生产形态已具完整的雏形。

考古发现的大量农具，均以石、木、蚌和骨料制成，分三大类：农耕工具有铲、耒、耜、锄、犁；收割工具有刀和镰；加工工具有石磨盘、石磨棒、杵、臼等。中国史前农业经历了四个发展阶段：第一阶段为农作物驯化期；第二阶段为火耕农业；第三阶段是耜耕和锄耕，农业发展已趋成熟；第四阶段是犁耕，这是在原始社会晚期发轫于长江下游并迅速广为散播的新农耕术。自此，犁耕一直沿用至今。虽然犁迭经改进，操作犁的动力，从人、动物到机械，但可谓万变不离其宗。

原始种植的作物，主要是粟和稻。粟又称小米，是

↑上古神话中教授初民耕稼的神农氏（清人绘）。

←《放火烧荒图》。清代绘画。描绘峨昌（今阿昌族先民）烧荒情形。

↑骨耜，浙江省余姚市河姆渡遗址出土。

↗碾谷用的石磨盘，长 63.5、宽 28 厘米；石磨棒，长 47.8 厘米。

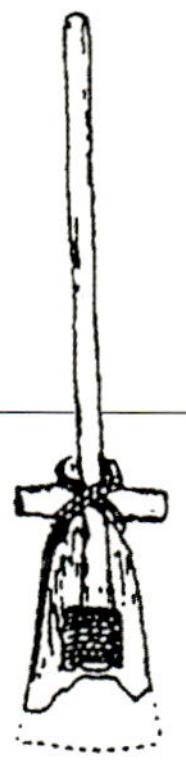

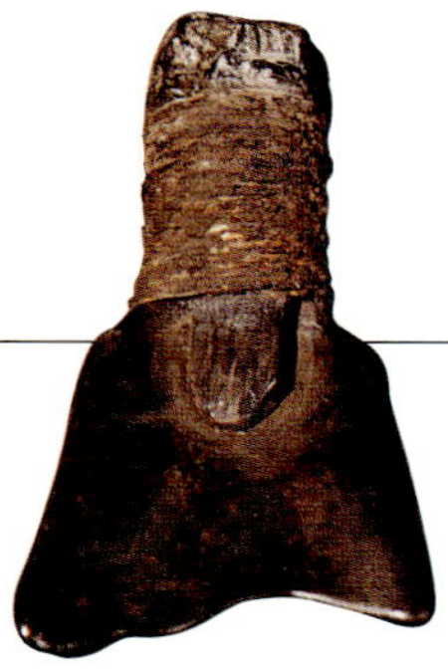

↑骨耜及其装设法。

↗河姆渡遗址出土的骨耜。

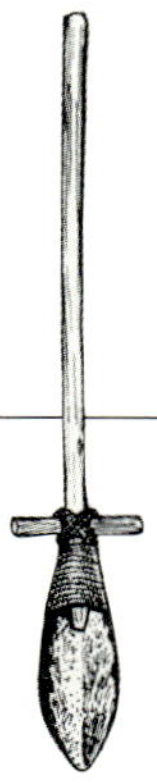

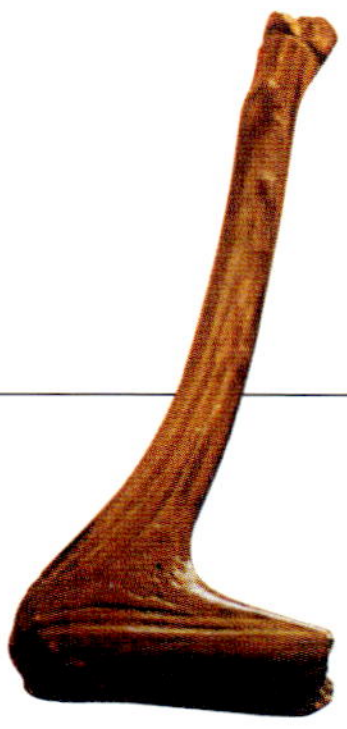

↑石耜及其装设法。

↗内蒙古辽西一带惯用的鹿角锄。

↑江苏连云港人面纹岩画，新石器时代遗存。该组岩画，人面纹下各有一条线通向下方的植物，中间省略了身体。有的学者认为，他们是稷神，还有人认为是太阳神或祖神。

↗1979年上海松江平原村遗址出土的三孔石犁，是远古农民耕地的主要农具。

↑湖南城头山古城址壕沟内出土的大米。

↑浙江余姚田螺山出土的史前稻田、牛脚印。

由狗尾草驯化而来，可能起源于黄河流域，是秦岭以北最主要的农作物。稻又称大米，它由野生稻驯化而成，可能源起长江流域，是长江以南最主要的农作物。此外尚有华北的黍，俗称大黄米。在距今六七千年的西安半坡农业聚落遗址，还发现了白菜籽，甘肃秦安大地湾遗址出土了油菜籽。

距今七八千年前，原始农业已相当繁荣，形成了综合经济，即以农业为主，兼营家畜饲养、渔猎和手工业。南稻北粟，各自形成一套自成体系的农耕文化。

农业是一种生产经济，提供了大量而稳定的衣食之源，为定居提供了物质条件。定居也有利于副业的经营生产，家畜饲养业、制陶等手工业也就跟着发展起来了。

农业收成的丰歉，始终受到自然的制约。人们时时悬着心，祈望天地神灵怜恤，于是通过巫与天沟通，希望能探知天界的意旨，顺天行事。天文历法就是这样在农业需求下，经过长年累月对“天意”的探索而逐渐形成的。

农业，无疑是人类发展史上的一座里程碑。■

↓耜耕作业中的翻土。

从原始容器到制陶

→手塑的四足兽形陶器，整体像一只昂头张口挺腹翘尾的怪兽。

↑远古时代女陶艺家的慢轮制陶／一个以木棒推动木轮盘旋转，另一个在旋转的陶坯上拍捏摩挲出陶器的器形。这种配合需要有高度的默契。人际间高度的协调，就是由这种最原始的生产活动发轫。

↑吴县澄湖出土的鳖形陶壶。

↑仙人洞遗址出土的圜底陶罐。

↑陕西杨官寨出土的庙底沟文化陶轮。

↑山东出土的白陶鬶。

制陶是人类发展史上又一值得大书特书的篇章。陶，是人类最早利用自然能源改变物质属性的创举。陶，是人类最早的思维劳动加体力劳动的结晶。陶，也是人类最早的视觉艺术载体。

新石器时代初期，人类已懂得用手捏塑泥巴，再用火焙烧，制成陶器。原始陶器器形小，胎壁厚薄不一。渐渐地，聪明的人类发明了以葫芦、编篮为内模，贴上泥片，修制成坯，再用火焙烧成器的模制法。再后来，直接用几块泥片贴合成陶坯，那被称之为贴筑法；更加进步的，是以一圈圈泥条盘绕成型的盘筑法。随着技术的改进，陶器的容积和体积都增大了。

制作不同的器皿，首先必须选择不同的陶土，有的还要羼入陶粒砂粒。第二步是成型，即用上述的手捏、模制、贴筑和盘条等方法制成陶坯，有些还经过磨光，加陶衣、彩绘、雕刻，或加附其他装饰。第三步才是焙烧。烧陶经历过几个阶段：最初为露天焙烧，后来才有了陶窑。早期陶窑为横穴式，焙制出的陶器称为低温陶，质地较松脆；后来发展成竖穴式，窑温可达900～1100℃，焙制成的陶器坚硬致密，称为高温陶。再后来，发明了加工陶坯的原始机械——陶车（又名陶轮）——技术上又分为慢轮和快轮，把原始制陶工艺推向了高峰。有趣的是，这一技术是在黄河流域和长江流域几乎同一时期流行起来的，是殊途同归？还是当时已有了信息交流？

陶器，大致可分为红陶、黑陶、灰陶、彩陶和彩绘陶。彩陶是先在器表绘画，然后烧制。彩绘陶是陶器烧成后，用颜色画于器表，基本不属于实用品，而是礼器或祭器。

陶器的区域特点明显：东部沿海地区陶器的传统

→陶窑剖面图，图左为较早期的横式窑，图右为较后期的竖式窑。竖式窑火候最高可达1100℃。新石器时代晚期的精致高温陶器，就是由竖式窑焙制。
（张孝光先生复原）

原始制陶工艺示意图

↑手捏成型。

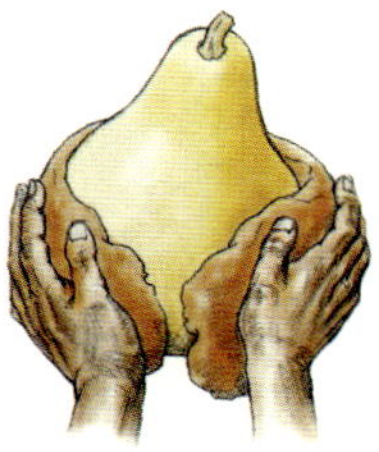

↑模制成型。

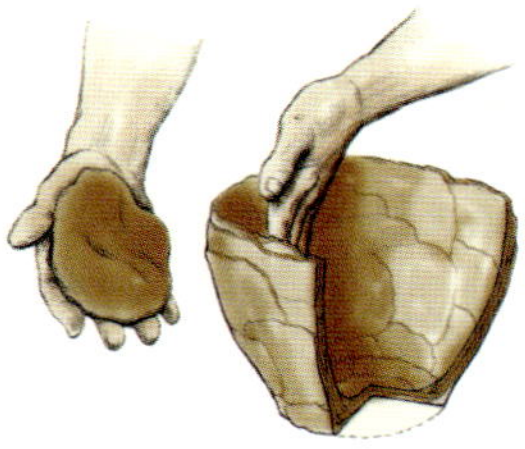

↑贴筑成型。

↑泥条盘筑成型。

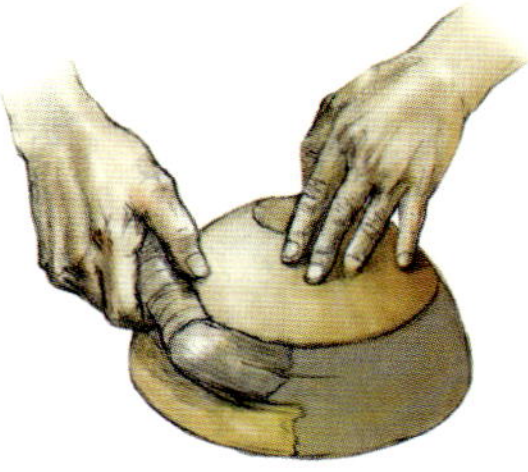

↑上浆。

↑磨光。

↑压纹。

↑剔纹饰。

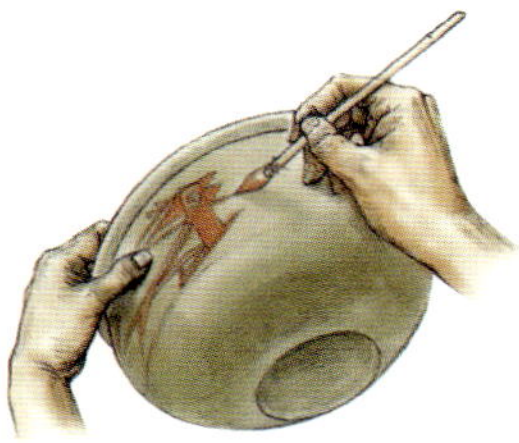

↑彩绘。

↑陶制的房屋模型。

特征是无彩绘，带分节、附加堆纹；器体通常由几部分组合，越到后期，器体越高，显示出刻意于造型上下工夫。这意味着当时陶艺家具有丰富的空间艺术想象力，以及相应的制控能力，其工序之精确、产量之规模化和标准化，至今令人惊叹。中西部内陆地区的制陶传统，则仅有瓮、瓶、盆和罐等有限几种，造型变化不多，多具实用功能，从器形上颇难作礼器或实用器皿之区分。唯有彩绘图案，可以提供若干是为何器的参照系数。

陶器演变至新石器中晚期，宗教意义加重了。出现了很多特型和彩绘的陶器，明显是为祭祀而专制。

非常值得注意的一点是，最早的陶工当为女性。这已被考古学与民族学、民俗学的研究所肯定。

制陶不仅是新石器时代的尖端工艺，也是如今我们探索及研究原始文化的最主要载体，是当时文化元素的象征。陶器的造型与纹饰，都是考察和研究人类原始文化特征的标杆。但随着时间的推进，这种价值呈减弱之势，其中一个重要原因是铜器登上了大雅之堂，替代了它的尖端地位。■

↑陶拍子。西安客省庄出土。制陶工具，用以拍打未干的陶器坯，加强器坯密度，并有在器表压出纹饰的效用。

↑双格石研磨盘。陕西宝鸡市北首岭遗址出土，当是研磨颜色的用具。

↑石研磨盘与红色颜料块，河南陕县出土。颜料块可能为赤铁矿，可直接用颜料块在研磨盘上研磨出颜料，此石研磨盘上仍留有颜料的痕迹。

从骨针到踞织机

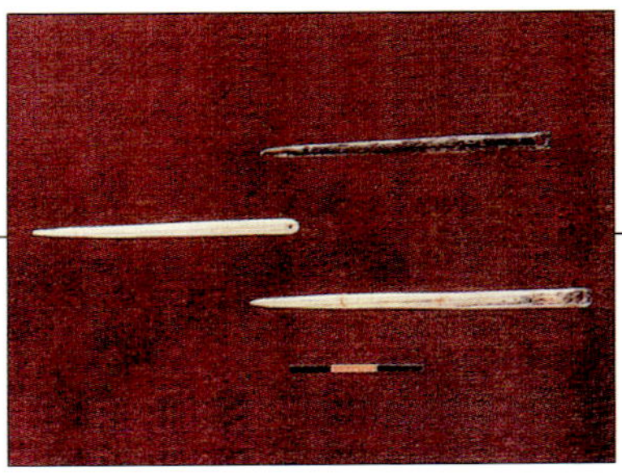

↑海城小孤山出土的骨针。

↑玉纺轮。

↑北方猎户以骨针兽皮（筋）线缝制皮衣。

↑转动纺轮捻线。

衣服，作为两性间视觉上的一道界限，在观念文化上，把两性划分为两个世界。然而衣服，或如《圣经·创世纪》所说的“无花果叶”，即人类性意识“觉醒”的标记，究竟是在何时出现的呢？这看来难以考究。但可以肯定，中国人穿衣最早的证据，是在18,000年前北京周口店山顶洞人的遗址中，遗址所出土的骨针、骨锥，就是当时缝制兽皮的工具。另外可以肯定的是，衣服产生的原因，是实用早于文化意识；而且，衣服的发明，当是较为寒冷的北方地区为先。

“‘衣’之下半，当即‘北’字，古代北方开化之人，知有冠服，南方则多裸体文身，故‘衣’字象北方之人戴冠者，其说至有思想。……故《礼记·王制》述四夷，惟西北人有衣，东南无衣也”（柳诒征《中国文化史》）。

考古发掘证实，到了距今1万年左右的新石器时代，使用动植物纤维制作衣物的纺织加工技术已被普遍掌握。在陕西半坡、浙江良渚等新石器遗址中，都出土有纺织品遗存。有纺织品自然就有织机。虽然至今未发掘出纺织机械的整机（原因在于制造原始织机的竹木类有机材料在上万年的土埋下早已腐朽），但分布各地的遗址中，历年来发掘出数以万计的纺轮，以及各种不同材料制作的机刀，都是织机出现的重要标志。尤其是长江下游杭州湾的河姆渡遗址，不仅出土有木机刀、骨机刀，还伴随有经轴和卷布轴，这些，都与当时留下的布纹遗迹相吻合。由此可见，那时先民们已掌握织布技

↓陶纺轮。

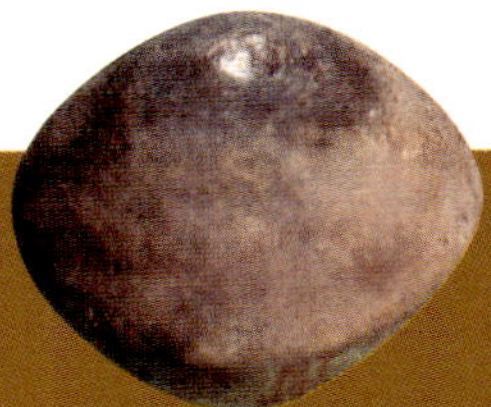

↓陶纺轮。

↓玉纺轮。

↑新石器时代的玉蚕饰。此出土的玉蚕身上缺少蚕体的螺弧线，应是柞蚕，那时已有了柞蚕丝织品。

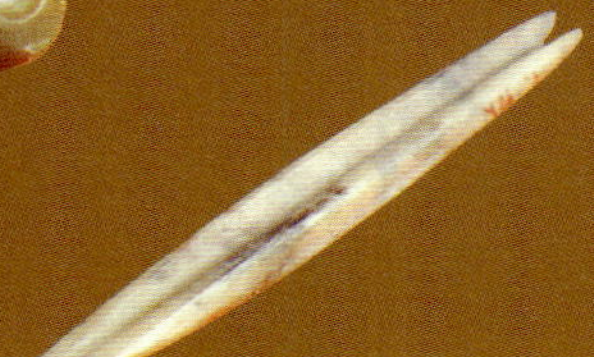

↑骨梭。

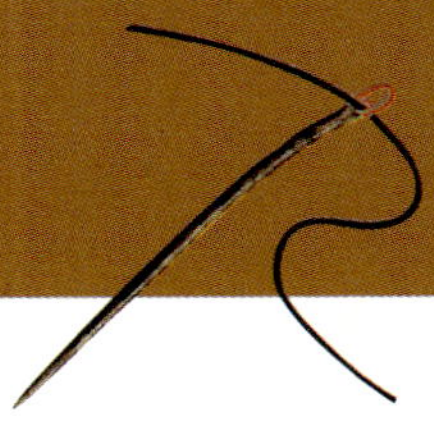

↑1万多年前北京山顶洞人用的骨针。

↑陶纺轮。

↑刻符陶纺轮。

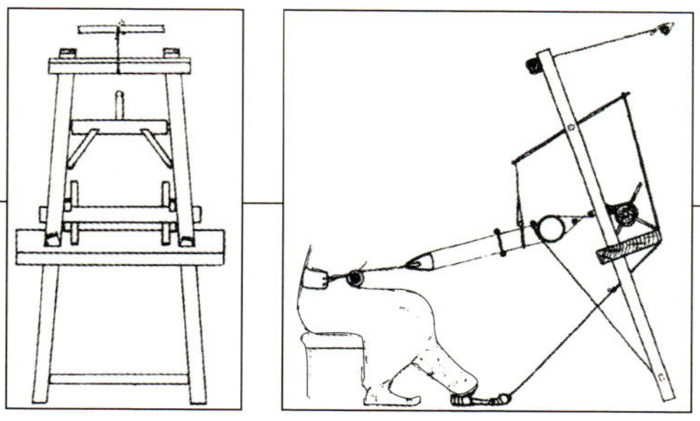

↑河姆渡文化织机部件装置复原图。
（左为正视图）

↑城头山古城址出土的麻布。

↑云南晋宁出土的汉代青铜腰机模型。腰机是最原始的织布工具。人们将纱的一端绕在木板上，用脚顶住，另一端将织好的织物卷在棒上，棒两端缚于人的腰间。

←古代踞织机及操作示意图。
（根据张孝光先生复原绘制）

↑良渚遗址出土的丝织品残片。

术这一点，实在无可置疑。

已知最早的纺织机，是云南晋宁出土的汉代青铜腰机模型，而织机的祖型，我们还是可以透过民族学的考察予以推想。现在，四川凉山彝族尚流行“踞织”技术。“踞织”所使用的简单器械，我们综合称之为“踞织机”。

这种织布机，在汉族、苗族、拉祜族、纳西族的一些地区都有保存。由此可见，踞织源头之久远，可谓“不知年”。这是上古时期原始织机整机形态的一个甚为坚实的印证。

衣的历史，便这样一针一线地写下，写了不知凡几万年的历史。

↑东北的鱼皮衣。至今尚有制作。

→人类为了御寒，最初以草叶和兽皮蔽体，由此发展了编织、裁切、缝纫的技术。随着骨针的使用，华夏先民又创造出称为“织”的原始纺织技术。“织”，是先将植物茎皮劈成极细长的系缕，然后捻接成线。图为江苏泗洪曹庄出土的东汉纺织画像石拓片。

无国无家

从血缘群体到氏族聚落

→数十年前还处在氏族社会的佤族民众的住宅。

↓姜寨的陶塑青蛙。

↑姜寨的彩陶壶。

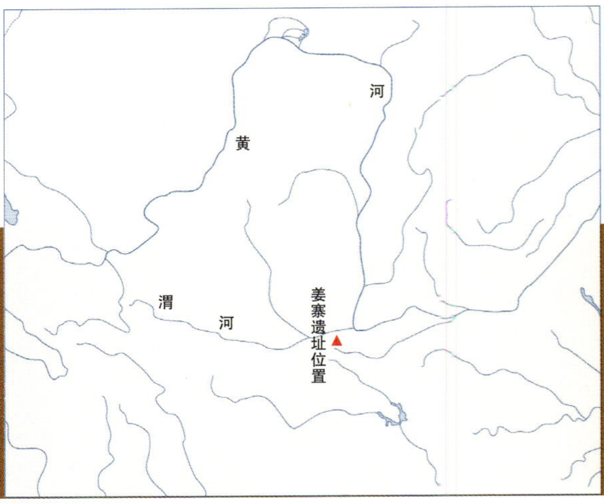

距今约5000年以前的漫长史前社会，在现今称为"中国"的这块土地上生活的先民，他们的意识里还没有什么"国"与"家"的概念。当时的社会，是处于一种既无国也无家、名副其实的"无政府"状态。最早的社会组织，是以血缘关系为纽带结成的血缘群体。这也只是我们近代以来人类学家赋予的称谓。他们之间，既无高低辈分之分，也无亲疏远近之别。这种血缘团体，形成及存在于数十万年前的旧石器时代早期。

在血缘群体内部，人们同劳动、共甘苦，过着"各尽所能，平等分配"的集体生活。据研究，血缘团体一般是35～50人。周口店的北京猿人群体较大，达到50～60人。

12,000多年前，末次冰期结束，人类社会先后进入新石器时代。整个新石器时代、或许还包括旧石器时代晚期，均可划归氏族公社时期。

所谓氏族，是在血缘群体中按母系或父系继嗣分出血缘关系更为明确的族群。这种群，被称为氏族公社；又依情况分为母系氏族、父系氏族。氏族成员聚居的地方，被称为氏族聚落。公社的所有制，基本上为氏族公社公有制。

氏族聚落的结构，可以陕西临潼姜寨遗址为例：聚落分五个区域，每部分都有一座大房子和若干小房

↓姜寨少女墓出土的随葬品。绳状物为骨珠项饰。

↓姜寨村落布局示意图。

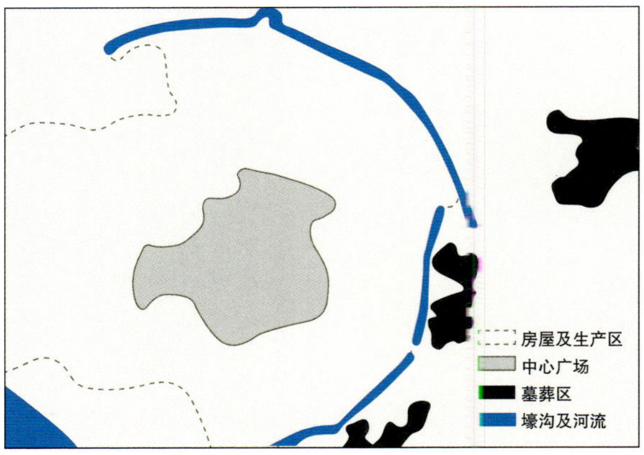

↑姜寨遗址复原图／姜寨遗址位于陕西关中盆地的临潼，是六七千年前典型的氏族农业聚落。聚落中心为面积较大的广场，可能中央会立有表柱（图腾柱）。每群建筑物都以一所大房子为主体，所有房屋皆面向中心广场。是中国新石器时代早期氏族的典型布局，鲜明地体现着其观念形态的向心性。

（注：原图为张孝光先生于20世纪80年代所绘，历年来多被国内外有关出版物所引用。此次再发表，张孝光先生对图上的临河流向作了更正，正确的流向当如图之自左上至右下。）

子，所有小房子的门都朝向广场；每座大房子与其附近的小房子，不仅靠得近，门的朝向也一致，这说明大房子与附近小房子之间有着更密切的联系，看来是氏族范畴内包含着家族的复式结构形态。专家推测，早期的姜寨聚落，每个大家族有40～50人，中晚期70～90人。合起来算，该聚落中人口规模早期为200～250人，中晚期为350～450人，不超过500人。从民族学资料判断，姜寨可能是一个氏族公社，每一组房子居住一个大家族，大房子是大家族的公共住宅，同时也是集会、分配及社交活动场所，附近的小房子则供小家庭居住。■

小资料 氏族 胞族 部族

氏族是指初民社会以共同血缘关系结合而成的一种血族团体，其成员出自一个共同的祖先，氏族内实行公有制，公共事务由氏族酋长管理，重大事情由成员会议决定，氏族所有成员都处于平等自由的地位。氏族是人类普遍存在过的社会组织。

胞族是指同一部落中两个或两个以上的氏族结合成的、介于氏族与部落之间的社会组织。由氏族分裂而成。胞族的形成有的与婚姻制度有关。

部族一般指历史上在部落之后、民族形成之前存在的、具有不很稳定的共同地域、语言文化和经济等特征的族体。它的形成开始于向文明社会过渡的时代，国家的形成促进了部族的巩固。

→原始社会的分配／原始社会的氏族公有制中，氏族内所有收获皆属族人共同拥有，由族长按族人的实际需要并依公议而主持分配。麅子可能是图左的老少二人捕获的，他们除了可以分得属于他们的份额外，领头的猎手还可分得猎物的头。这代表着全体氏族成员赋予他的荣誉。猎手拥有的大型动物头骨越多，就表示他越优秀，去世后下葬时，这些头骨就是最主要的陪葬品。

从不知有父到一夫独尊

←↑史前器皿上的性意象。

↑西藏阿里境内发现的石器时代岩画。画中，男女生殖器并与日月同辉，可见原始生殖崇拜在先民意识中的崇高地位。

↑辽宁西部出土的石雕男神像。

↓辽西出土的史前石雕像，为三人合抱状，透露出史前先民性关系的多元状态。

我们现今的婚姻概念，其中所包含的原则、义务与责任，尤其是制度性的婚姻状态，在史前极漫长的历史中都不曾存在。

在人类的童稚期，两性关系的界限极为模糊不清，但却又未必杂乱无章。比照人类的近亲灵长类动物，他们中的大多数都有一种可能是天然的性禁忌遗传，一些动物如黑猩猩，就有避免近亲交配的倾向。人类可能并没有真正实行过早期人类学所推测的族内“乱婚”。

有学者认为在能人向直立人转变的时期，男性似乎远多于女性。可以推想，在“供求关系”严重失衡的状况下，在短暂的发情期季节内，男性之间为争夺交配对象，其厮拼会是何等的惨烈！换句话说，那时的人类，在两性关系上还没有超脱出动物的范畴。

在人类面临两性失衡的危急时刻，发情期这种自然赋予所有动物的生理规律，首先在女性身上消失。这一革命性转变，是人类在利用火之外另一次对动物界的根本性超越。有西方学者认为，人类的性交姿态，之所以从单纯的动物式背交，转变成更多地采取面对面的方式，是为了在这种最无间的接触中，更便于两性彼此辨认及交流感情。

性，从此被赋予文化含义，并更多地与心理、情感相关联，而摒弃了单纯物种繁衍的本原目的。

根据民族学的研究，人类早期的婚俗，可能是群婚的形式、一种有限的性共有状态，采取一群女性与一群男性的“多夫多妻”方式，但却严格排除族内婚。在血缘公社时期，只有同辈男女之间才允许建立婚姻关系。母系氏族公社中，奉行的多是走访婚。氏族为适婚女子特设房舍以便于接待外氏族的男子夜间来此走婚。他们夜合晨离，子女由母方氏族哺养，因此子女“知其母不知其父”。这是一种自由而相对固定的对偶结合，关系以感情为先决因素。固然，前来走婚的男子多有物质上的馈赠，但却只是一种关爱的表达，而非属经济责任。

母系氏族晚期，家庭私有制出现了，走访婚被对偶婚所取代。婚制也就在婚姻从属于家庭的基础上建立了起来。婚姻方式开始受到社会制度的规范，一般认为主要是因应于私有财产的继承。

原始生产力的发展，导致男性在经济和社会上渐渐占据了主导地位，对偶婚被淘汰，实行男娶女嫁。但由于女性旷日持久的反抗，上述的过渡经历了漫长的过程，直到19世纪末20世纪初，中国南方还有不少的妇女誓死不嫁，坚持女居制，私自把自己的头发结成髻，以示与男性主导的婚姻制度决绝。这种风俗，称为“自梳”。此外，就是实行逃婚。而男子则相对应地实行抢婚。逃婚与抢婚，可以上溯几万年历史。

除逃婚外，女性还采取不落夫家、“回门”后坚持“母居制”等反抗手段。而男性为了争夺子女的归属权，则“发明”了“产翁制”，又称男子坐褥、拟产或坐月子，从心理上补偿生理的天然劣势。这是母系制与父系制

↑野合岩画／画中极夸张的男性器官，传达着上古先民对性能力及繁衍能力的渴望。

↑汉代画像砖上的“野合”图／交合的男女，对身后的第三者若无所视，透现着上古先民们异于今日的性观念。

↑在新疆发现的可能是史前的岩画，画中人夸张勃起的男性器官，寄喻着先民们对旺盛生殖力的向往。

↑"一妻多夫"家庭垦荒图／这个开荒的家庭，当为"一妻多夫"的母系形态。三个开荒的男子，都是女主人的"丈夫"，他们共同肩负起一个以女主人为核心的家庭经济，其家庭经济积累，要比单偶婚家庭富裕得多。

至今，西南"大香格里拉"地区的一些少数民族，有的依然奉行着这种婚俗。"一妻多夫"家庭所盖的房子，都比单偶婚家庭的大而华美。

长期斗争的史影。

中国历史上，上层社会的男性占据了经济和社会主导地位后，所确立的是以丈夫为主宰且具一定协调色彩的一夫多妻制——丈夫与正妻，除延续子嗣之外，实质上的目的主要在于两个人、两个家庭、两个家族的经济或加上政治的结合；而丈夫与妾的关系，才更多地体现男性对爱与性的内心趋向。妾则需接受正妻"主内权"之不同程度的约束。

近些年来，世界上考古学、人类学、民俗学诸学界的研究表明：杂婚、血缘婚、母系社会、走婚、抢婚、父系社会，并非是一个向下一个的承接关系，而是人类社会同时并存、有时是交替存在的多样的方式。

历史上，不同民族有着形形色色的婚姻形态，而至今为止，总的发展，都趋向以男性为中心的男娶女嫁的一夫一妻制。■

新石器时期黄河、长江两流域的两性比例图表

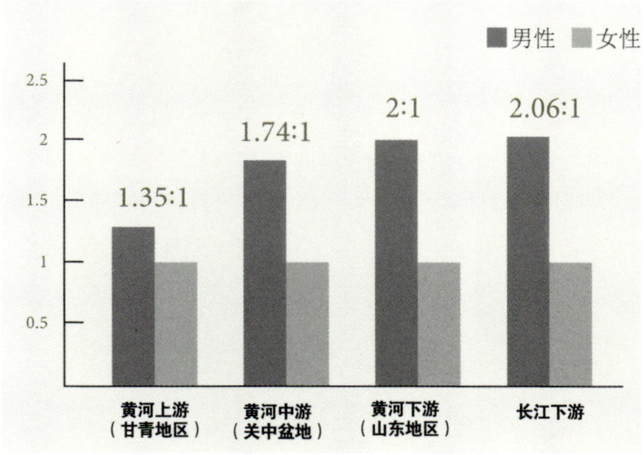

注：图表可见，此期间经济文化越发达的地区，男性的比例越高，也说明了沿海地区极可能存在颇长时期的溺女婴习俗

↑一组石器时代的男女交媾雕塑。

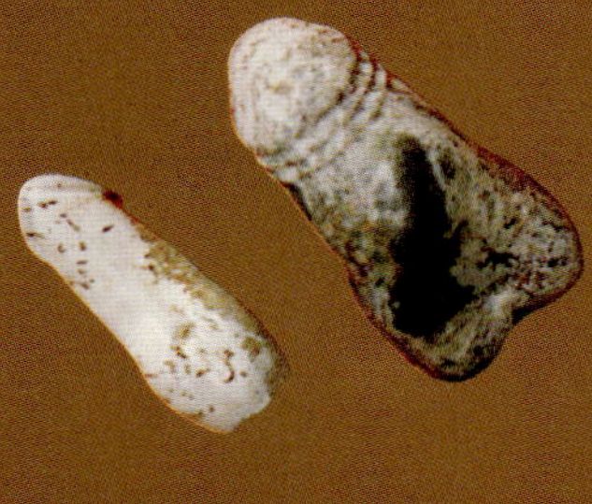

↑两枚玉祖。"祖"，古文字作"且"，为男性生殖器官的象形。

↑清人所绘的高山族人求偶歌舞图。

内陆高原 …………

弓矢 · 流徙 · 连横驰骋

↑石雕女神像（左）。陶塑人首像（中）。陶塑人首像（右）。均出自内蒙古东部、辽宁西部地区。

↓西北半月形文化带的岩画分布。

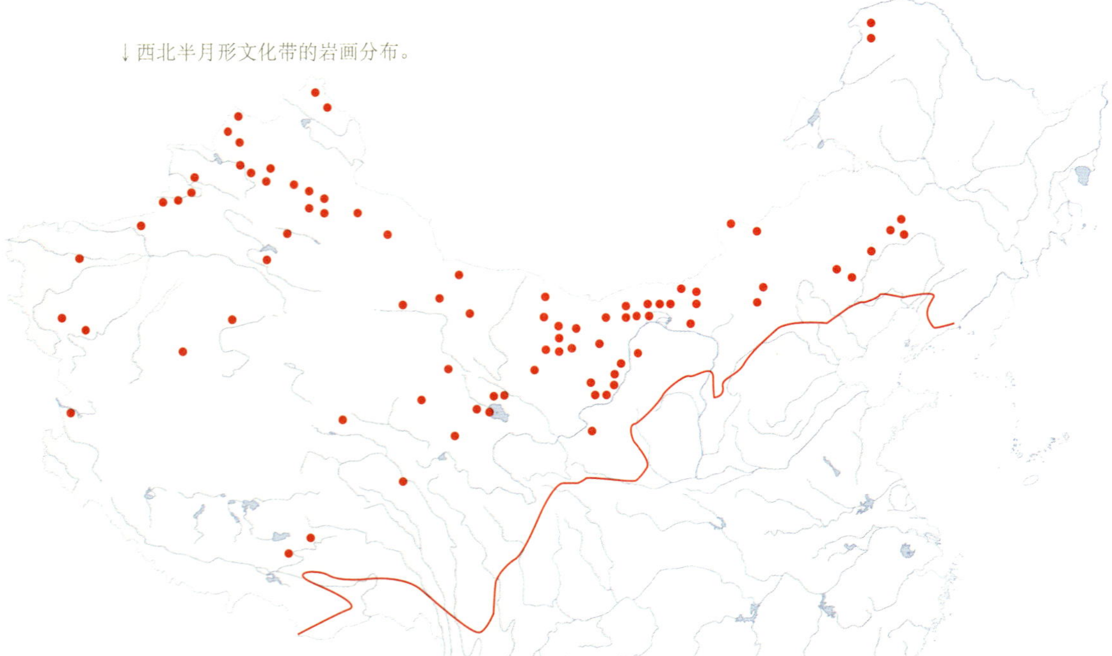

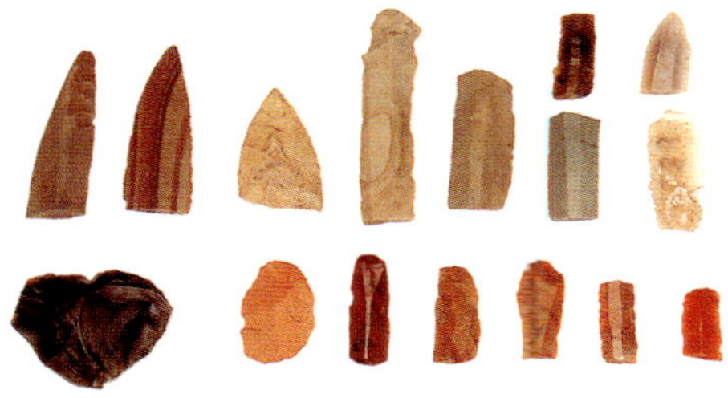

↑海拉尔和昂昂溪细石器，地处大兴安岭西部草原地带，自古就适宜畜牧和狩猎。这些细石器体积细小，加工精细。

↑石镞，采集自内蒙古自治区呼伦贝尔海拉尔市，长2～2.5厘米。石镞是典型细石器，用坚硬的石髓、水晶、玛瑙等制成，锋端及两侧锐利，装在箭杆上即成矢镝。

↑陕西杨官寨出土镂孔人面陶器座。

↑石叶，青海省贵南县拉乙亥遗址出土，中石器时代刮削工具。长3～3.5、宽0.6～0.9厘米。

我国著名考古学家童恩正先生在20世纪80年代初，依照出土的新石器时代到铜器时代器物遗存的类型、风格以及建筑遗迹、葬具葬俗等各个方面的考古学证据，提出了“从东北到西南的半月形文化传播带”这一著名的考古学假说。

这一展布于内陆高原的文化传播带，大致东起大兴安岭南段，西抵宁夏、甘肃、青海的河湟地区，再折向南方，沿青藏高原东部直下云南，伸延至泰缅高原，成一环绕中原的半月形。活动于这一区域内的众多族群留下了若干共同的文化特征，比如，长期存在特征共具的细石器。他认为，产生这一现象，既有族群的迁徙、融合和交往的直接原因，又有观念传播的间接因素，而某些共同文化因素，也可能是各地独立的发明。这些族群，都活动于狩猎采集经济文化区。英国著名历史学家汤因比强调，草原在古代可以说是一大片“无水的海洋”，为行旅交通提供了很大的便利。内陆高原的先民们，大多手持弓矢，以血缘为纽带，结成游团，携带着简易的营具，追逐着水草兽群，一拨又一拨从草原掠过；随着气候的变换，他们时而波涌东南，时而潮退西北。在这些草原游团之间，一旦发生冲突或不可调解，就必然引

↑甘肃天水柴家坪出土的陶塑人面。高颧细目，是典型的蒙古人形象。在黄河中下游地区，这种把人首人体形态附塑在陶器皿上是相当流行的。

↑日土岩画，发现于西藏自治区阿里日土县境内的山崖上。

↑内蒙古阴山岩画围猎图。画中大小动物各具神态，其中有早已在中国境内消失的大角鹿。引弓搭箭的射手与惊慌奔窜的动物构成一幅生动的围猎图，反映了原始人生活的真实场景。

↑生活在北方草原的远古先民，以后演变为游牧民族，屡屡引起东亚大陆风云色变。

发战争。在这缺乏屏障的草原大漠，战败的一方没有退守或逃遁的根据地，除了被杀被俘之外，就是被战胜者吸纳为新的攻击力量。因而，其中一些游团便会在往复冲突中膨胀至惊人程度，并积储起强大的攻击力，一旦充盈满溢，整个东亚大陆往往为之风云变色。

或和平或暴力的频密交互流动，使这一地带在文化上呈现出的特质极富共性。从岩画，石质或陶质雕像的分布，以及这些遗存所呈现的类型、风格及技法，都足以证明，这一半月形文化传播带的强韧力与扩张性。同样类型的岩画，已经深入到印度河河谷。但这一文化传播带并非固定不变，往往随着气候及生态环境的演变而推移。探求东亚历史的动因，这种交界地带上的气候变化是必不可少的研究要素。

晚近两个蒙元史故事，似可生动有趣地印证西北半月形文化带的假说：其一，13 世纪的蒙古骑兵未能径直跨越长江向南宋心脏发动攻击，只得采取极迂回的路线，沿着半月形文化带南下，先灭掉云南大理国，而后扰乱南宋西南侧翼防线，最后才东进攻灭南宋；其二，元世祖忽必烈对人讲，听儒者讲说，整天昏昏欲睡而不知所云，听喇嘛讲说，一听便懂，结果是整个蒙古民族在极短的时间内全部接受了藏传佛教。如果联系起半月形文化带的发端及其发展看，蒙古骑兵的迂回进军路线与忽必烈的话就都显得不难理解了。■

↑红陶人头瓶，平底，面部神态自然，为马家窑文化陶器之精品。

↑形态各具的陶塑头像，均为陕甘一带出土。

↑这是新疆和田出土的史前陶塑头像。头像目圆、唇厚、鼻高、眉浓，具典型的“塞人”（欧罗巴人种）特征。由此可见，在远古时期各民族交互往来是多么超乎我们的“常识”！

↑红陶老人头像，陕西黄陵出土。

↑陕西宝鸡北首岭出土的陶人头像。

舟楫·渔猎·小国寡民

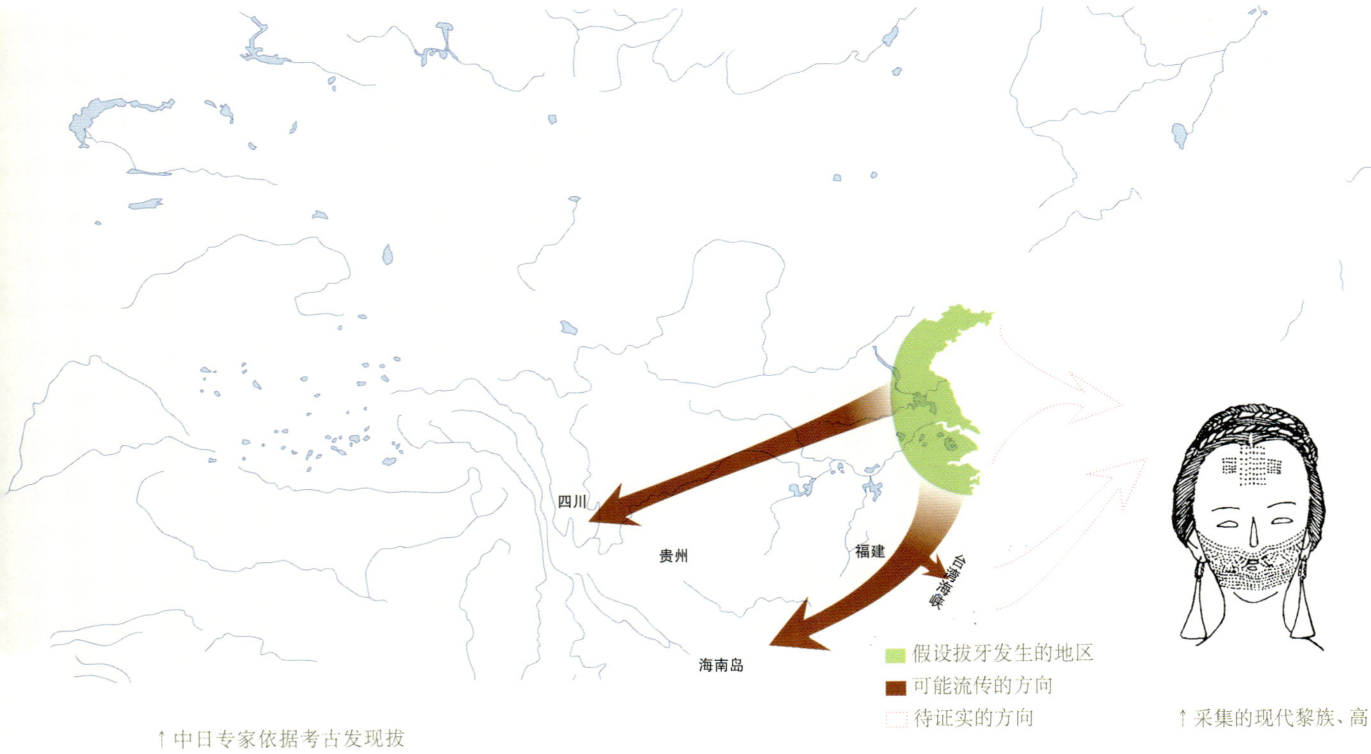

↑中日专家依据考古发现拔牙的三个重点分布地区及可能传播的路线而共同绘制的地图，推测日本和韩国及南太平洋的这种风俗也是始于中国东夷，并指出几者存在的关系。

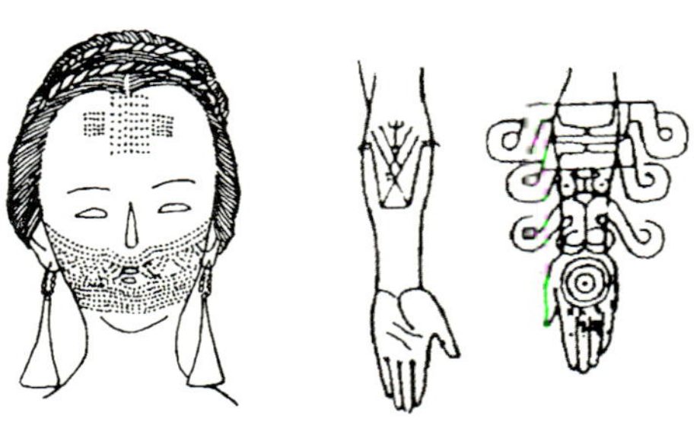

↑采集的现代黎族、高山族的纹面、纹身图案。

已故著名考古学家苏秉琦先生，则将我国早期古文化关系的格局划分为“面向海洋的东南部地区和面向亚洲大陆腹地的西北地区”两大部分，并认为：可将从东北沿海，经山东半岛、长江中下游，至岭南西转云南称作下半月地区。这与上节提到的上半月文化带，有意无意地组成对应。下半月文化带，河网、湖泊、平原、盆地、丘陵相间，领受着来自太平洋和印度洋暖湿气流的恩泽，气候湿润，森林植被茂密，物产丰盛，是古今人文繁荣的主要区域。

这一区域也具有诸多文化共性。比如，鸟崇拜和“鸟生传说”即“下半月”的独特文化表征之一。但这种共性仅导致各个文化之间的互相影响、互相作用，而并未导致强力的整合，各自发展依然是第一位的。这种状态可谓之为“多元而无中心”，与西北上半月文化带及中部广大腹地诸文化特征有着明显区别。

另外，沿海的岩画分布也是他们具有共同历史底蕴及联系的证据。早中期的玉器也是这一地区的杰出贡献，而后才向西传播并影响了中原和西部。人殉的例子也更多发生在此区。

↑《文身》。清人绘高山族生活图。

东南沿海江河交错，湖泽密布，操舟渔猎是此区常见的景象。

人类最早的渡河方式是泅渡，后来绑上浮具，如树木、竹竿，尤其是葫芦，更为广大先民惯用，古书上谓之“腰舟”，黎族唤作“葫芦舟”。后来有了木筏、竹筏，并发明了船，有独木舟、桦皮船、猪皮筏、羊皮筏等。船只的发明，大大拓宽了渔猎范围，也大大拓宽了文化交流的范围。后来，甚至发展到渡海远航，海岛与海岛之间的联络就不再是难事。当时，简陋的舟楫，竟能创造如此的辉煌，其艰辛，其牺牲，其先民为拓展活动空间所表现的智慧，大大超出今天人们的想象。

放舟湖海，正是“小国寡民”或逃避、或抗衡来自北方中原强大势力的一种手段。因为虽称“小国”，却仰

↓文身亦作“纹身”，是原始的人体装饰形式之一。施针于人体的一些部位，刺上一定图案，然后涂以锅底灰或其他植物中提取的颜色，皮肤愈合后纹饰永不褪色。初起的纹身可能是氏族成员成年时在他们身上刺上的一定标志，以别婚姻关系，同时也有辟邪作用。纹身习俗长期流行于东方、南方、西南，迄今未绝。在史前的北方，也曾有迹可寻。

↑东南沿海的“有舟氏”／古代文献记载，古越先民因擅长造舟航海而拥有“有舟氏”之美誉。锯子还没发明之前，要剖开一段树干，得用石锛加楔子。然后在剖面上架火烧烤，再以石锛削去烧烤面，经过这样反复烧削，船舱才能深挖成形。

仗优越的自然条件，使得各文化个体都拥有各自发展的充裕空间，他们只需与身处的自然环境保持大致上的平衡，各适其性，便不至出现严重匮乏，大可各依其能，各取所需，并有更多时间去想象冥冥宇宙和生界灵界的玄奥。那些“小国”，巫鬼文化纷繁瑰异，以至他们的艺术也越来越有魅力。这种魅力，至今尚使我们感叹不已。

“小国寡民”的文化内蕴，被2000多年前的老子悟出了真谛：“鸡犬之声相闻，老死不相往来”，“帝力于我何有哉！”1600年前的诗人陶渊明也想象过桃花源里“不知有秦，无论魏晋”——恐怕都是对中原强势南侵，破坏了宁静而富有创造力、想象力的理想世界而发的感慨。

但从另一面看，这也正是这地区后来在组织及军事上比较于西北中原而相对积弱的深层原因。■

小资料　凿齿

在中国史前考古中，发现不少凿齿人的遗骨，大体上分布有三个地区：山东和苏北的东夷各族；长江中游的荆蛮，后有一支南下成为僚人，又发展为仡佬族；再就是长江以南沿海的越人。台湾高山族不久前还流行拔牙，是承袭了越人拔牙的远古遗风。以上三个地区，远古时期为不同族群所居，不同的地域，拔牙部位也不尽相同，但是最早为东夷，进而为越人，再而为荆蛮和僚人。从文献上看，凿齿风尚的形成有几种说法，如成年说、忌夫说、殉葬说、装饰说、防病说、爱美说等，其中成年说是最可能的，久之才有审美、装饰的意义。而成年仪式之所以拔牙也许是起源于某种信仰，可惜对此已难考究。

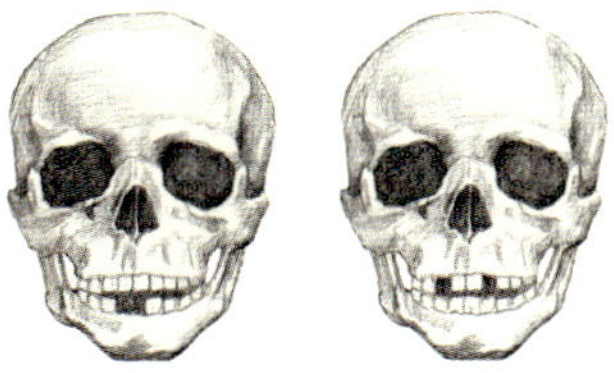

←拔牙部位图示。

↑浙江余杭卞家山动物形陶制品，发达的自然神崇拜是这一区域的文化特征。

←凿齿是把门牙的其中两只对称地敲松，然后拔去，此为这一区域的流行习俗。该习俗始于渤海的东夷族，后向南扩散，近代南太平洋上的一些岛屿，依然有此风俗的遗存。

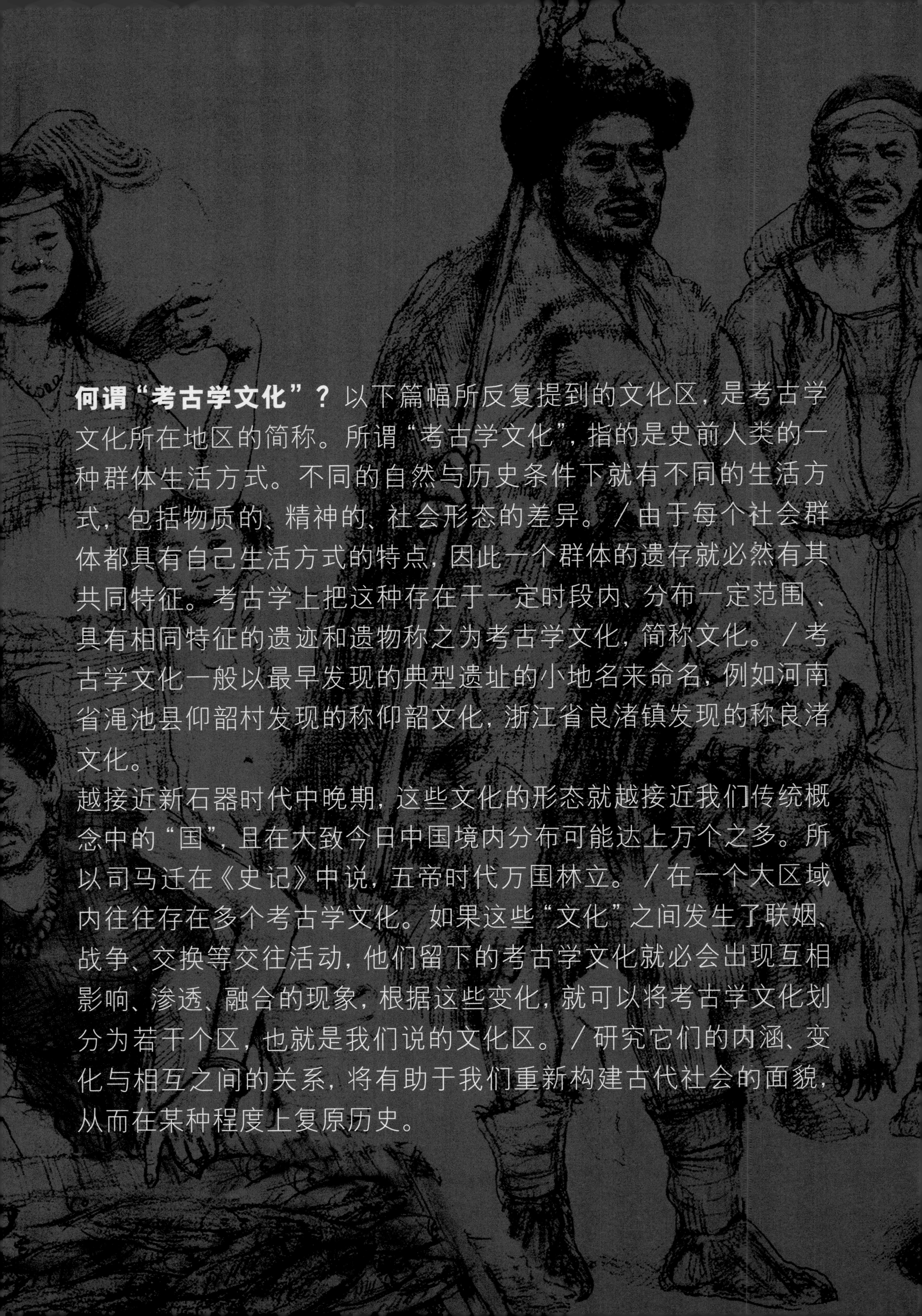

何谓“考古学文化”？ 以下篇幅所反复提到的文化区，是考古学文化所在地区的简称。所谓“考古学文化”，指的是史前人类的一种群体生活方式。不同的自然与历史条件下就有不同的生活方式，包括物质的、精神的、社会形态的差异。/由于每个社会群体都具有自己生活方式的特点，因此一个群体的遗存就必然有其共同特征。考古学上把这种存在于一定时段内、分布一定范围、具有相同特征的遗迹和遗物称之为考古学文化，简称文化。/考古学文化一般以最早发现的典型遗址的小地名来命名，例如河南省渑池县仰韶村发现的称仰韶文化，浙江省良渚镇发现的称良渚文化。

越接近新石器时代中晚期，这些文化的形态就越接近我们传统概念中的“国”，且在大致今日中国境内分布可能达上万个之多。所以司马迁在《史记》中说，五帝时代万国林立。/在一个大区域内往往存在多个考古学文化。如果这些“文化”之间发生了联姻、战争、交换等交往活动，他们留下的考古学文化就必会出现互相影响、渗透、融合的现象，根据这些变化，就可以将考古学文化划分为若干个区，也就是我们说的文化区。/研究它们的内涵、变化与相互之间的关系，将有助于我们重新构建古代社会的面貌，从而在某种程度上复原历史。

第三章

文化区

不同文化形态的孕育发展

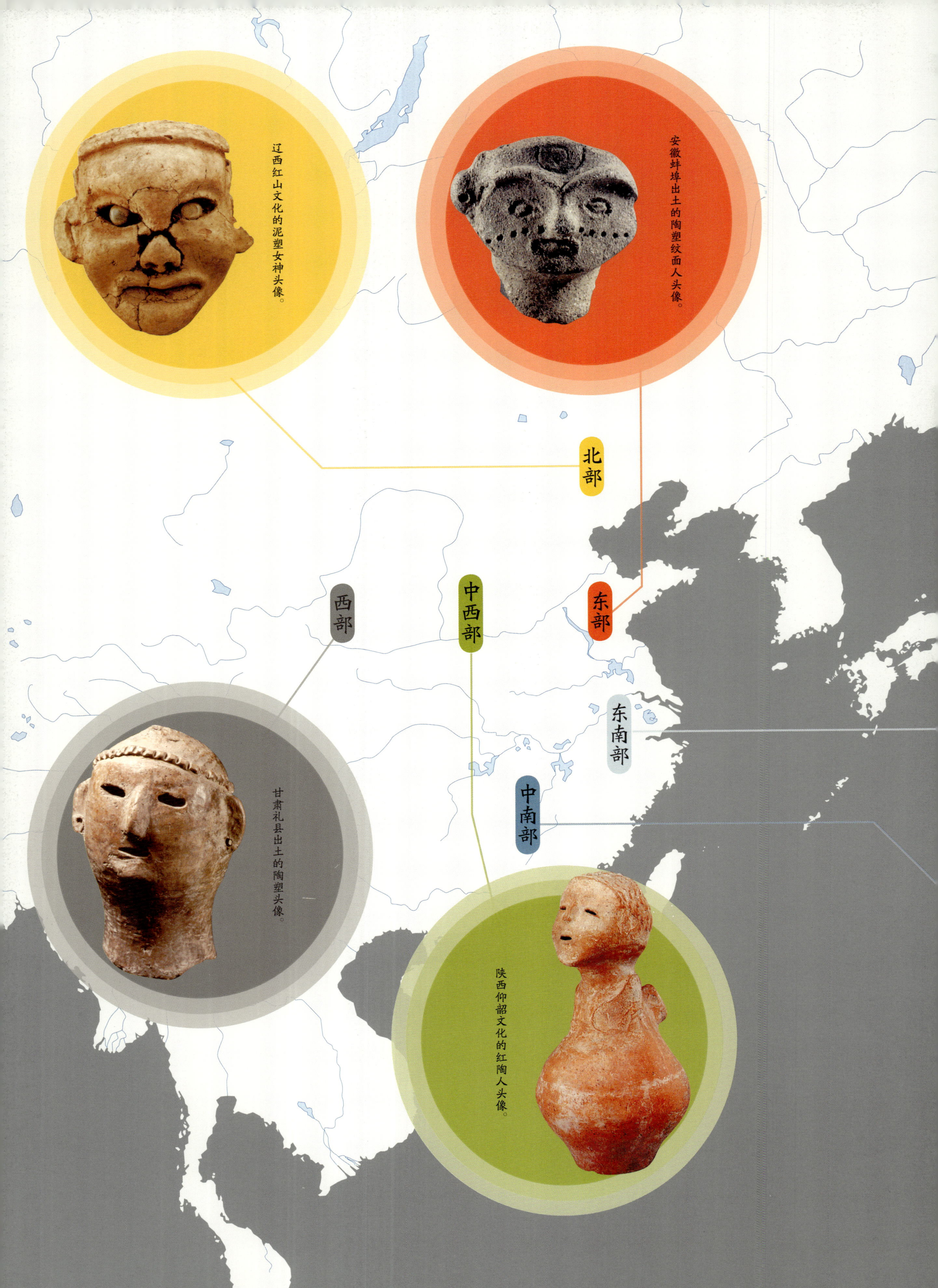

辽西红山文化的泥塑女神头像。

安徽蚌埠出土的陶塑纹面人头像。

甘肃礼县出土的陶塑头像。

陕西仰韶文化的红陶人头像。

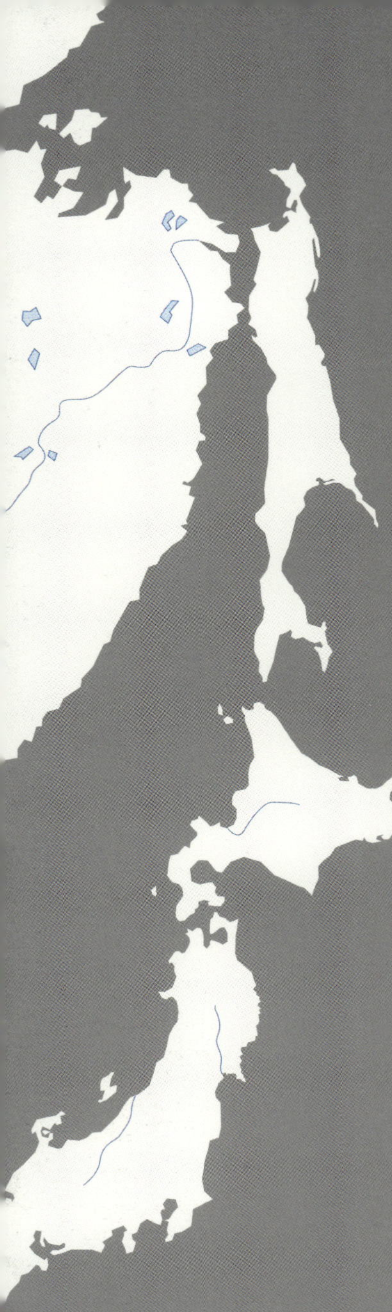

不同文化形态的孕育发展

▶在遥远的原始时代，那时，人类社会还没有“国家”，自然，也没有“中国”。

▶这是一片被高山、沙漠和海洋包围着的、幅员辽阔的地域，并基本上与世界其他各大文明相隔绝。从距今1万多年前的新石器时代开始，这块广阔地域内，在各种不同气候和资源的基础上，逐渐发展出各种不同的文化形态，各区域的文化发展脉络，从早期到晚期，基本一脉相承。它们之间，虽相互影响，但又有各具特色的文化面貌。

▶新石器时代早期，南方和北方，分别形成了两大文化形态。后来进一步发展，成为如图的形势。中原文化区处在中心的位置，周边分布着燕辽、海岱、江浙、江汉、甘青五个大致上的文化区，像五片花瓣环绕；这五片花瓣之外，又围绕着闽台、粤桂、云贵、青藏、蒙新、东北等文化区，构成了一种“重瓣花朵式的向心结构”（北京大学考古文博学院严文明教授语）。中部变化多；边缘地区则不易产生变化、或从史前到近代都不变、或保存受史前及较早期中原文化元素影响后长期未变。

▶图里没有涉及的广大地区并不意味着不存在考古学文化。

▶从新石器时代早期遗存下来的建筑遗址与出土器物看，不同的自然环境下具有不同的文化形态。

▶东北林区采用了桦树皮或兽皮包的帐篷形的建筑，用木杆搭架，呈△形，门朝南开，顶端留一出烟孔，冬天盖兽皮，夏天盖桦树皮。东北的南部曾经有过繁荣的农业定居生活，但他们建筑的外形也与之近似。他们的制陶业不太发达，陶器基本上是筒形罐、之字纹。早期葬式主要为两种，一种是室内葬，一种是山顶葬（把尸体葬于山顶）。

▶黄土高原的主要建筑类型一直与洞穴有关，局部地区到今天也保留有这个传统。窑洞是一项伟大发明，它利用了黄土的特性，使居所冬暖夏凉。其西部马家窑文化和齐家文化的房屋则基本以方形、房顶以平顶或缓坡为主。

▶中原的仰韶文化早中期，东部的大汶口文化早中期，房屋是以半地穴圆锥顶的房子为主。晚期出现木骨泥墙结构的地面建筑。

▶长江下游和南方广大地区的代表建筑属干栏式。干栏建筑在南方流行是有一定原因的：一是当地潮湿，将住宅架高，起防潮作用；二是当地雨水多，可以防止洪水和涝灾；三是防止虫蛇之害。此外，干栏下层关养牲畜，上层住人，通风条件好，对克服当地夏季炎热气候也有一定帮助。

台湾卑南文化的人兽形玉佩。

浙江嵊州小黄山出土的石雕人首。

中西部

仰韶文化·中华摇篮

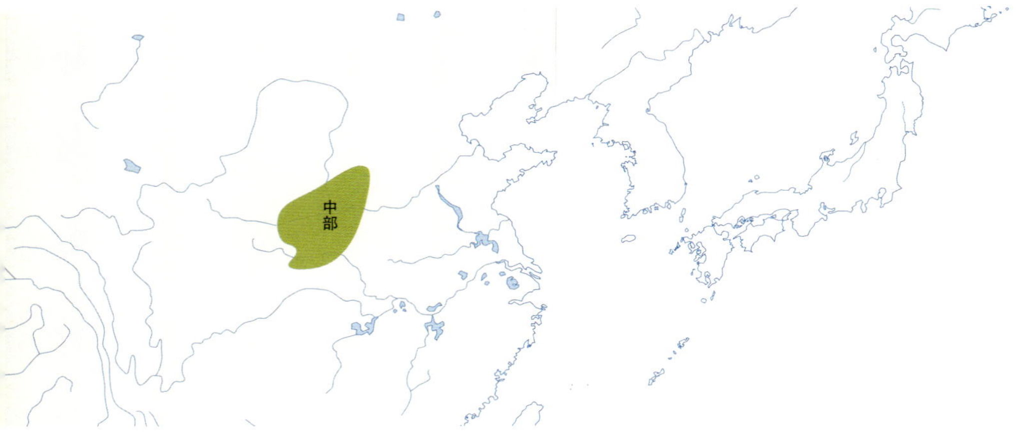

↑今日的黄土阶地。

18世纪以来，工业革命催发了西方国家大规模探索自然、开发能源的热潮。西潮东渐之下，初尝“共和”的中国知识界也奋起直追。1916年，留学归国任职农商部矿政司的丁文江（1887～1936）筹建地质调查所，并亲任所长。丁文江多方延聘世界一流学者来华协助地质学、古生物学、体质人类学的调查研究工作。瑞典地质学家安特生（1874～1960）应邀来华进行矿产资源调查，顺带收集地质学、考古学资料。

但当时中国正处于军阀混战之际，矿产的勘探和开采根本无法展开。安特生提出采集古生物学化石的计划，得到了丁文江的全力支持。1921年，安特生赴河南渑池县仰韶村调查时，发现了彩陶碎片，认为可能是史前遗物。“仰韶文化”这个带着远古色彩的称谓就从此走上了国际学术殿堂，它开辟了我国近代考古学的新纪元。

仰韶文化发祥于今中国的中部，文化繁荣强盛时，向北可辐射河套晋北、向南扩展至豫南陕南，然而始终以关中、晋南和豫西为核心，为两大半月形文化带所包围。这一地区恰处气候敏感带，物种呈多样化，不同文化在此汇聚交融，可谓“物华天宝，人杰地灵”——东部的巧思睿智，西部的组织能力，都在此间获得了充分的发挥，从而造就了灿烂的中原文化。

仰韶文化，是人类社会史一个耀眼的惊叹号。

←当代复原的原始居所模型／当时的人们大部分居住在地穴或半地穴式的房子里，也有少量居住在地面建筑中，房子的外观有圆形和方形两种。

↑河南密县出土的裴李岗文化灰陶人头像。裴李岗文化是仰韶文化的源头之一。

↑阿底村遗址单耳纹陶鬲。

↑华山东麓庙底沟遗址出土的仰韶文化彩陶。

↑小口尖底瓶，陕西临潼姜寨出土。

↑陕西临潼白家村遗址出土的陶器。

体质人类学家认为，中原的原始居民，体质上显示出与现代蒙古人种的东亚和南亚类型比较接近，与新石器时代的南亚类型也比较接近；而东亚类型的现代华北人却与史前甘肃组群反而更接近。有点奇怪吧？——其实，万多年以来，一拨又一拨东进南下西来北上的征服者、来来往往的流动移民，已经把中原人口的体质复合化了。

史前的黄河流域，气候温和，河谷密布，森林和草原严严地覆盖着当时地力浑厚的黄土，在丰茂的植被和沃土之间，走兽飞禽，万类相竞，只有在河流的两岸，才有人类的聚落，才会有人类的活动。这片土地很早就被开辟成以旱地农业为主、捕鱼狩猎为辅的经济文化区。仰韶文化以彩陶为其考古文化表征，器体流行饰以绳纹、篮纹、方格纹等，工艺考究，器类多样，为当时同期各文化所不及。

仰韶文化的渊源，是当地裴李岗等更早的原始文化，往后则发展为气势更为恢宏的中原龙山文化。

仰韶崇拜的图腾，多为与人类有密切关系的常见动植物，例如蛙、鱼和花卉等。

过去，我们常把汾渭伊洛流域为中心的黄河中游地域称作中华民族的摇篮，其实并不确切。把它称作“中华民族形成过程中起最重要凝聚作用的一个熔炉”，可能更符合历史的真实。

仰韶文化，汇聚各方，又辐射四面。■

↑磁山出土的陶罐及支脚。

↑姜寨出土的颜料块、颜料磨盘及调色用的手杯。

↓远古关中盆地示意图／这是陕西关中盆地的模拟地貌，距今六七千年前，这儿孕育发展了著名的姜寨、半坡等新石器时代的灿烂文化，是中华大地上人类文明的摇篮之一。姜寨、半坡等远古先民的聚落，就星星点点地分布在接近水源处的黄土阶地上。

中西部

六七千年前的古村庄

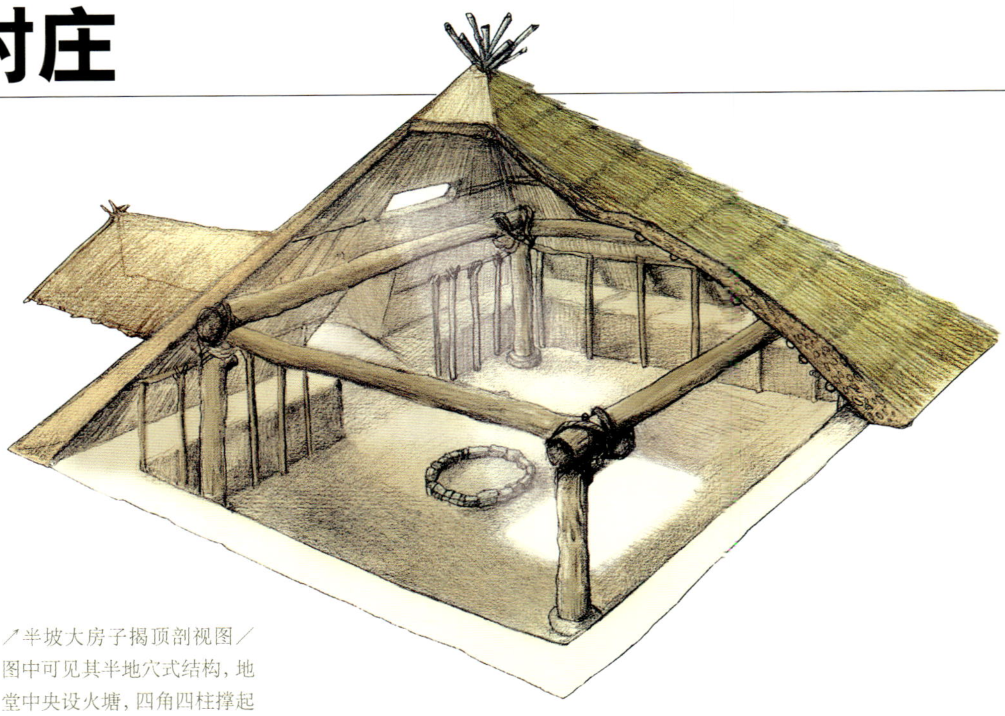

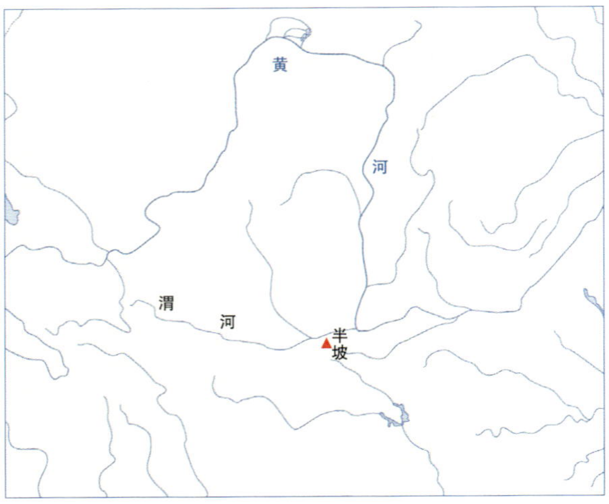

↑半坡遗址位置示意图。

↗半坡大房子揭顶剖视图↗图中可见其半地穴式结构，地堂中央设火塘，四角四柱撑起四根大梁，壁、顶盖为木骨草泥抹面。

←半坡出土的刻符陶器。

←仰韶文化半坡类型的器物之一。鱼纹是半坡类型最常见的彩陶纹样。

←仰韶文化刻符，也许是象形文字的前身。

仰韶文化的典型遗址，在今西安以东的半坡村附近，它曾一度被认为是中华文化的源头，在世界历史与考古学界闻名遐迩。后来，虽然发现了中华文化的多源汇聚状态，但半坡村的声名却并未因此而有所逊色。

仰韶文化的氏族村落，大都分布在河流两岸的黄土台地上，河流转弯及两河交汇处更为密集，那是他们乐意卜居的地方。村落大小不等，一般从几万到十几万平方米，已发现的最大聚落则有90多万平方米，相当于6个北京故宫的面积。这些村落大多布局规范，居住生活区、公共墓地、窑场等各处其位，聚落遗址以居住区为中心，住宅呈面向公共广场的圆形排列，呈现了仰韶先民意识中甚为浓厚的向心性。

六七千年前，是中国北方冰期后的气候最适期，即1万年前至今的全新世中最温暖、最湿润的间隔期。半坡就是这一大自然黄金时代所孕育发展的史前农业聚落的典范。

半坡先民的主要谋生方式是农业，考古学家就是从这儿发现了中国最早的炭化粟遗存。当时先民所使用的农具及生产工具，已包括锄、铲、斧、磨光石凿、磨光或带孔的长方形及半月形石刀或陶刀等，还有用于储存粮食的窖穴和陶罐等容器，说明一些收获物肯定被加工过后予以储存。

采集和渔猎仍是半坡村生产的重要手段。狩猎者已使用弓箭和矛。考古发掘出为数甚多的骨鱼叉、鱼镖以及带槽的陶、石网坠。陶器上的鱼纹主题，在渭河流域的遗址中特别多见。这反映了半坡人已经把鱼的形态特征升华到了精神层面，塑造出了他们独具的精神意象。

值得注意的是，半坡人在围绕居住区挖了一条宽与深均五六米的壕沟，这与许多其他环壕聚落只具象征性的壕沟不同，它显然并非仅仅为了阻隔野兽。宽壕深沟所反映的，很可能是部落间的严重冲突已经冒头。

在仰韶文化的一些陶器口缘上，发现了50多种刻划符号。有的符号单独出现，有的则反复出现。这种刻划符号的意义看来非比寻常，有人认为这是从结绳记事、刻木记事向图画文字发展的中间环节；也有的人认为是记录特殊事物含有特定意义的符号。虽然，不可能绝对排除有些是属于器物创作者随意留下的痕迹，但同样也不可能绝对排除这是起源阶段的原初文字。

这一切，都有待于更广泛、更深入的考古发掘提供更坚实的佐证。■

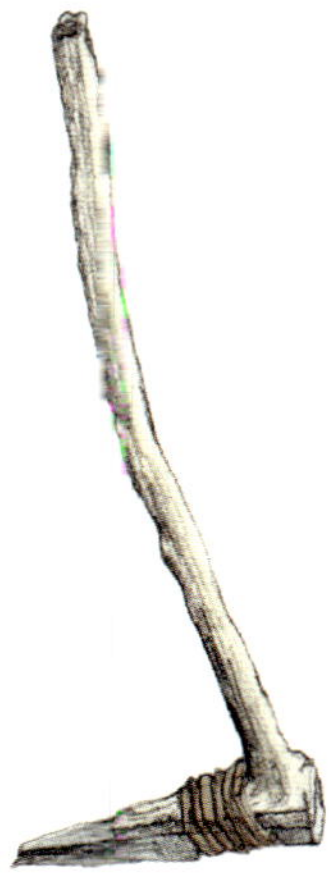

↑石锄复原图。是为木石复合工具。

↑小口尖底陶瓶，距今约6000年，是仰韶文化的典型陶器。有推测认为非实用器，应属祭祀用的神器。

↑半坡遗址复原图／这是与姜寨遗址同期的氏族农业聚落。图中右下角为居住区中心的大房子，是氏族公共活动的场所。其他建筑，朝向大房子形成不规则半月形的布局，同样体现出后来华夏族群观念中的向心性。

←地窖，用于储存生活资料及用具，共发现200多个，分布在室外。晚期窖形多为口小底大的袋状。

←一件仰韶文化陶盆贴塑的苦笑人的脸。

←半坡遗址中出土的空螺壳／由此可见，鱼虾螺贝是半坡先民主要的副食品之一。

↑半坡遗址平面图。
←半坡壕沟的深宽示意图。

黄土高原西部的原始殿堂

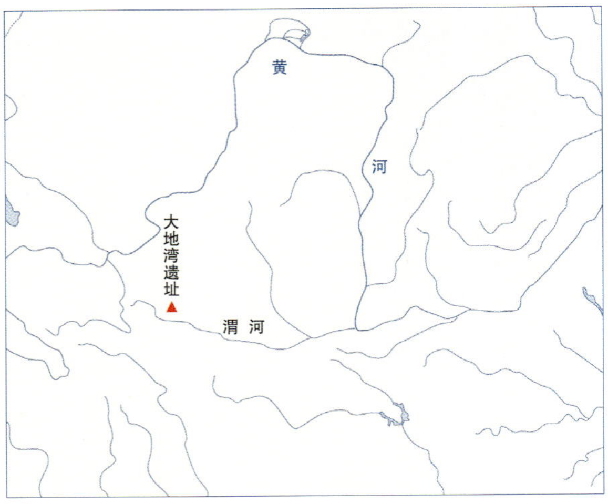

↑ 甘肃秦安大地湾遗址位置示意图。

人类的进化和发展，虽然天南地北，轨迹有所不同，但有些历程却殊途同归。比如前面提到过的“灵界”意识。

虽然各个民族文化对灵界的解释不一，但崇拜天地圣灵先祖，则是一致的。于是，任何原始文明，都把祭祀作为头等大事，到了国家产生之后，在国事纷繁之际，依然是“国之大事，唯祀与戎”。举行祭祀的场所，其建造规模也远远大于人类自己的实用居所，而且极尽工巧，竭尽所能。希腊文明如此，埃及文明、印度文明、巴比伦文明以及稍后的中南美洲的玛雅、阿兹特克和印加文明莫不如此。

中国的原始文化中当然也有这样的遗址。在西北，最早出现的就是大地湾的原始殿堂。

甘肃省秦安县大地湾遗址在黄河上游的陇山西，属仰韶文化西支。像是中原文化向西北楔入的一个锐角。从出土的器物看，其文化形态虽与中原的仰韶文化有着深远的血缘关系，但却缺乏遗存叠压、脉络清晰的发展序列，隐约透现着一种类似于“殖民文化”的影迹。大地湾这种既有深远文化传统似又不受传统所拘的文化形态，具有极强的繁殖力。1000多年以后，以大地湾为中心，终于发展出强劲的西部齐家文化，成为后来周人的祖家。

大地湾遗址的文化发展，从距今7800年到距今5000年前，最引人注目的是晚期，即距今5000年的大型殿堂式建筑以及地画的发现。

大地湾遗址坐落于一个凹形山坡上，占地110万平方米，其间分布的房子至少有几百座，似水泥状物建造的大房子则有数座，其中一座是特大殿堂，总占地420平方米，房式为“前堂后室东西两厢”，前堂入壁有很多硕大的附壁柱，中间立两根直径达90厘米的大圆柱，地面铺上类似于现代水泥的砂浆，墙壁及房顶也都抹上灰浆，许多附壁柱、残存柱，高度均超过3米，中间有直径达2.5米的大火塘。房前发现有两排柱洞，有专家推测，原先所立的柱子可能是代表各氏族部落的图腾柱。柱前列一排石板，可能是供奉牺牲祭品用的祭台。另外，房内还出土一些特异型陶器。

这所雄踞于数百所房子中的原始殿堂，是反映仰韶文化由氏族向国家过渡的一个最典型的例证。有论者进而推测，这应属于炎帝黄帝一级的古国礼仪建筑。人和灵界的交流，已经发展至规模化和制度化的阶段了。■

→“耕织渔陶”／图中把黄土高原上不同文化类型的先民凑在一起，来一张“大合照”。他们虽然在黄土高原上不尽相同的自然环境下生活，各自有着不完全一样的生活方式。但以“耕织渔陶”为特征的文化共性，是极为突出的，处于其文化形态的第一位。而“束发右衽”，则是古代典籍描述他们装束的共同特征。

↓中国古建筑专家杨鸿勋先生则认为：三排柱子撑起的是一个顶篷，四面无墙，后世称之为“轩”，属整座房子复合结构中的一个组成部分，大房子的整体，他称之为“黄帝合宫”。

←甘肃省秦安大地湾F901遗址复原／这座大房子并非实用住宅，而是具“殿堂”规格的建筑物，专供举行上古时期那种尚带巫风的宗教仪式之用。关于这所复合式大房子的复原起码有两种主要推测。其一如图，认为大房子前方的柱洞当时所立的是前后两排每排六根的图腾柱，为供奉加入部族联盟的各部族安置各自的族徽表记而设。这图腾柱在后世被称为“表柱”。清代皇族的“拜杆子”就是祭祀他们的“表柱”。天安门前的“华表”也是表柱。（根据张孝光先生的复原再绘制）

↑大地湾遗址出土的长颈彩陶壶。

↑大地湾遗址出土的红陶纹碗。

↑大地湾遗址出土的彩绘符号陶片。

←大地湾F901号遗址出土的特异型陶器，应为祭祀用之神器。

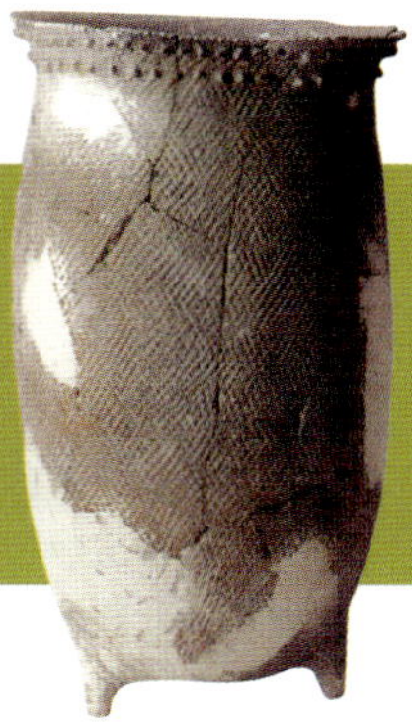

↖人头形彩陶瓶，甘肃省秦安县大地湾庙底沟文化遗址出土。瓶口为圆雕人头像，双耳各有一个穿孔以系饰物。
↑大地湾遗址出土的深腹罐，是前仰韶文化的遗物。两相对比，优劣立判。

←←大地湾F411号“殿堂”遗址的地画，上部似为表现巫师的祭祀舞蹈，下部方框表现埋在地下的棺木，内为两个逝者。
←F901号遗址的地基。

中西部

河洛之地的文化整合

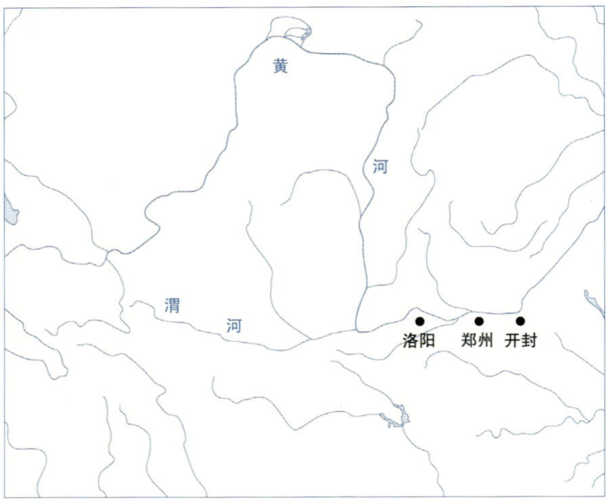

↑仰韶文化与大汶口文化的交汇整合之地。

黄河自关中喷涌而出，扇形展开下，在当今西起洛阳、东至郑州开封之间是一片辽阔的阶地与平原。它背靠物产富饶的关中，南北有险可恃，自守足以为国，且是控扼进出大陆二三级阶地最便捷的要冲，利于对外的交流与拓展。这种政治、经济与军事地缘上的优势，造就了河洛之地在相当长的一段历史时期成为东亚大陆文明的核心，驱策着东、西、南、北文化的交流与发展。

在距今5000多年的仰韶文化后期，中原与东部海岱地区出现文化间新的整合。洛阳地区的仰韶文化晚期，在陶器中出现了大量属于东部大汶口文化的“鼎、豆、壶”系列造型，取代了当地原有的彩陶及小口尖底瓶的主导地位，并在以后长期成为中国礼器的主要组合。

根据这出土器物变化的迹象，可大致推断出仰韶文化后期在中原地区的势态——

那时，仰韶文化已无复以前的强盛，而其东邻持续发展着的渤海湾沿岸文化，则以山东大汶口文化为代表，开始强劲向西扩张。中原仰韶文化就像黄色中渗进了大量的红，变成了橙色，呈现出一种新的文化面貌。这种文化整合，当然不能排除经济和文化的互动，但更主要的交互方式，则应该是通过战争。这一河洛之地文化整合的结果，为后来更高级的文化形态——陶寺文化的出现作出了铺垫。

河南郑州大河村遗址，发现了较多双间和多间式房屋，房屋内部结构也趋复杂，反映出家庭经济和家庭生活独立性在增强。大河村出土不少绘有星象纹饰的陶器，可能是后世夏人擅长天文的先声。

郑州附近发现的西山古城堡，距今5300～4800年，是中原最早的古城建筑，并最早采用当时先进的城墙夯筑技术。城址布局甚具规划性：中部、东南部为居住区，西城垣外的西侧和北城垣的东部内侧为墓葬区，东南部还设有陶窑。北城垣的东端有呈“八”字形的城门，有主路直通城内。城垣近似圆形，直径约180米，保留了聚落布局的原始形态。城墙外壕沟环绕，沟

↑河南郑州大河村出土的彩陶罐。

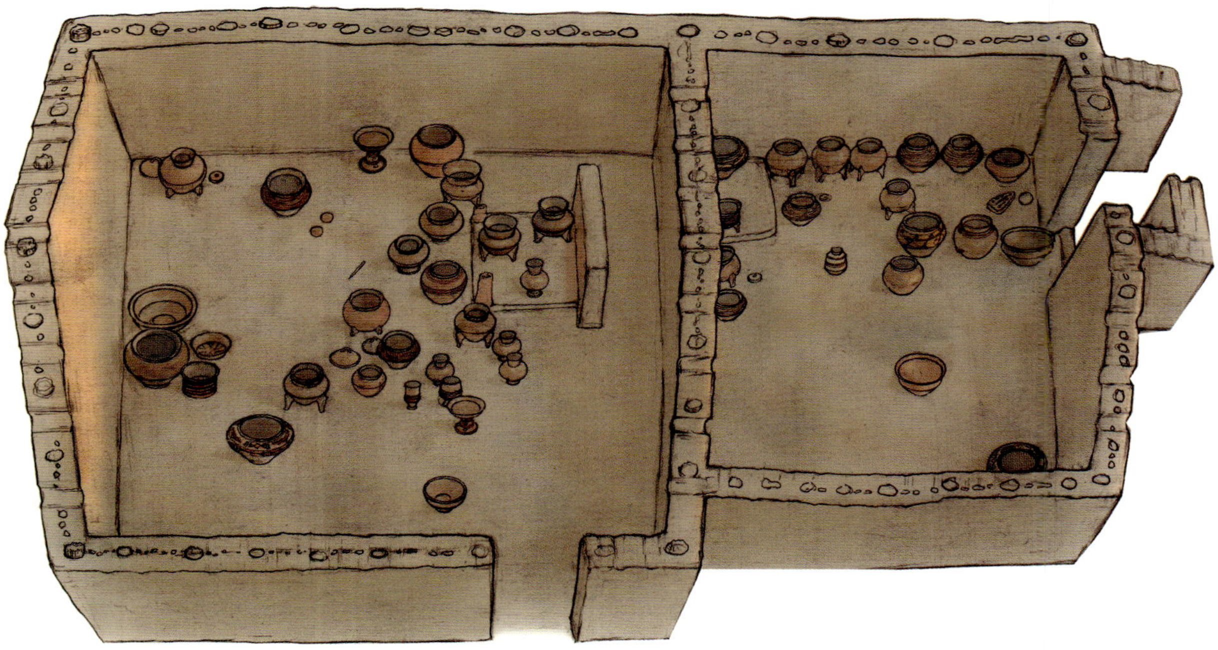

↗河南郑州大河村分间房屋复原图／此房坐北朝南，西间室内面积15.2平方米，东间7.6平方米。结构为木柱间填芦苇束，草拌泥涂抹，再以砂浆抹壁面。地面抹砂浆数层，上筑方形灶台及挡火墙。由于当时房屋失火、倒塌的房顶压下来，使室内器物基本存在于原位。据推测，西间住无婚姻生活的老者或儿童2～3人，东间中南部有较大空地可坐卧，较适于过婚姻生活的成年及其婴儿歇息。（此图为张孝光先生复原绘制）

宽 4～7、深 3～4.5 米，城墙高度为 4～5 米，构成坚固的防御体系。这反映了随着人口增多，各部落争夺资源日益加剧的形势。

耸立的土城墙就像一座历史丰碑，碑文固已斑驳难辨，但古国文明的气息却如热风一般，掀开了更为壮伟的新篇章。■

↑河南郑州附近之西山古城堡遗址复原图／古城堡建于枯河北岸的第二级阶地南缘，背依邙山，城堡内有房屋 200 余座。（张孝光先生复原绘制）

←← 西山古城堡出土的彩陶壶。
← 西山古城堡出土彩陶鼎。

↑西山城址壕沟。

↑古城堡西门北侧城墙遗址。

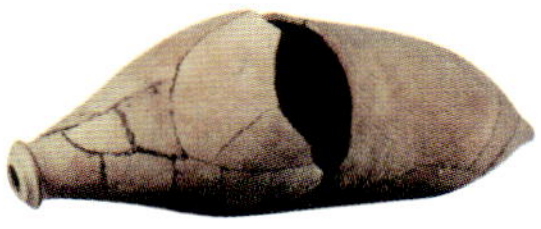

↖小口尖底瓶。↑尖底缸。

↗彩陶缸。

玫瑰·华山·华族

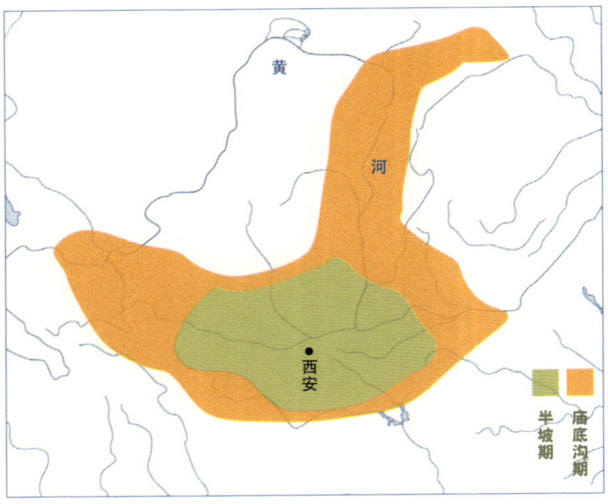

←仰韶文化半坡期及庙底沟期分布示意图。图中可见，庙底沟期文化发展至距今5000年时，文化覆盖面比半坡期大得多。

↑西岳华山雄姿。

↑陕西杨官寨出土蜥蜴纹陶盆，彩陶器。

↑庙底沟遗址出土的仰韶文化彩陶盆。

↑庙底沟二期文化彩陶。

中国人又称华人，有中国血统的人则称为华裔。十数亿华人华裔，遍布地球每一个角落。而所谓“华”，却是源出何典？

在古汉语中，“华”与“花”相通，“华”族就是“花”族，著名的西岳华山就是“花”山；“花”，就是开遍华山脚下的中国玫瑰——月季花。

距今五六千年的仰韶文化庙底沟类型，以玫瑰图案为标志，分布遍及黄河中游之关中、晋南和豫西的广大地区，华山及围绕华山的一带，是庙底沟期文化的中心所在。河南灵宝县铸鼎原，古史传说为黄帝长期活动的地盘，考古工作者近年在该处一个狭小空间探测到一个超大遗址群。可见，生息于华山脚下的先民，因长期以抽象的玫瑰花纹饰为其族类标志，而被视为“花”族，也即我们民族的名称——华族的由来。

庙底沟文化遗址，位于华山以东濒临豫西的平原上。根据考古学界的深入分析，庙底沟的文化类型属于仰韶文化裂变而产生的一个优生支系，与仰韶文化的半坡类型是同时期、同血缘的兄弟关系。如果在遗存分析的基础上，结合其周边先后的文化类型互相进行比较，则大致可勾勒出在距今6000～5000年间的这1000年里华族崛起与发展的脉络。

当以鱼作图腾的仰韶文化半坡类型在华山以西步入衰落之际，华山以东却陡然勃起一个同样承袭了仰韶传统的优生支系，它把矗立于其栖居之地的神山尊称为“花”山，并以开满山脚的玫瑰花作为部族的图腾，它还吸收了其他仰韶文化支系所无的新文化因素，令其生命力有如潮水般澎湃，呈现出强烈的扩张势态。到了距今6000年左右，玫瑰图腾就遍布了今日陕晋豫三省交界地区，使半坡衰落时已是四分五裂的仰韶文化，重新以今日的潼关为中心，在玫瑰下再度整合，并昂然东进至郑州洛阳为中心的河南，成为后来轰轰烈烈的“五帝”时期之“河南龙山文化”之先声。

可与这一现象联系的古史传说中的人物，似乎很难说不是炎帝黄帝、或是与其相类者。于是，“华”的称谓就如朝霞海日般喷薄而出，从而传承至今。■

←陕西高陵杨官寨出土的涂朱砂人面陶饰。
→庙底沟二期文化遗址。

↑黄帝时明堂／这是目前所知最早的中国神殿与社稷的祖型，后世称之为“明堂”。文献记录见于《史记》及西汉时成书的《淮南子》等典籍；古史传说中则称为“昆仑”，是上古先民拜祀天帝、庆祝和祈祷生产丰收之场所。“明堂”的建筑形象，恰似后来演变为“享”字的原始象形文字“㐭”。看来，现今所见北京天坛祈年殿之形制可上溯至此。本图以中国建筑学会建筑史学分会理事长、中国社会科学院考古研究所研究员杨鸿勋先生的考证及复原成果为基础绘制。另根据有关典籍上“有宫垣环绕”“圆如璧、雍以水”“自西南入”等记载，推想了明堂内外可能的整体面貌，希望能给读者提供一个全景式的视界。

↓庙底沟遗址出土的庙底沟二期文化陶斝。

↓仰韶文化陶塑之圆形鸮首。

↓陕西华县泉护村出土的仰韶文化大型黑陶鸮尊。

西部 …………

窑火中绚丽的史影

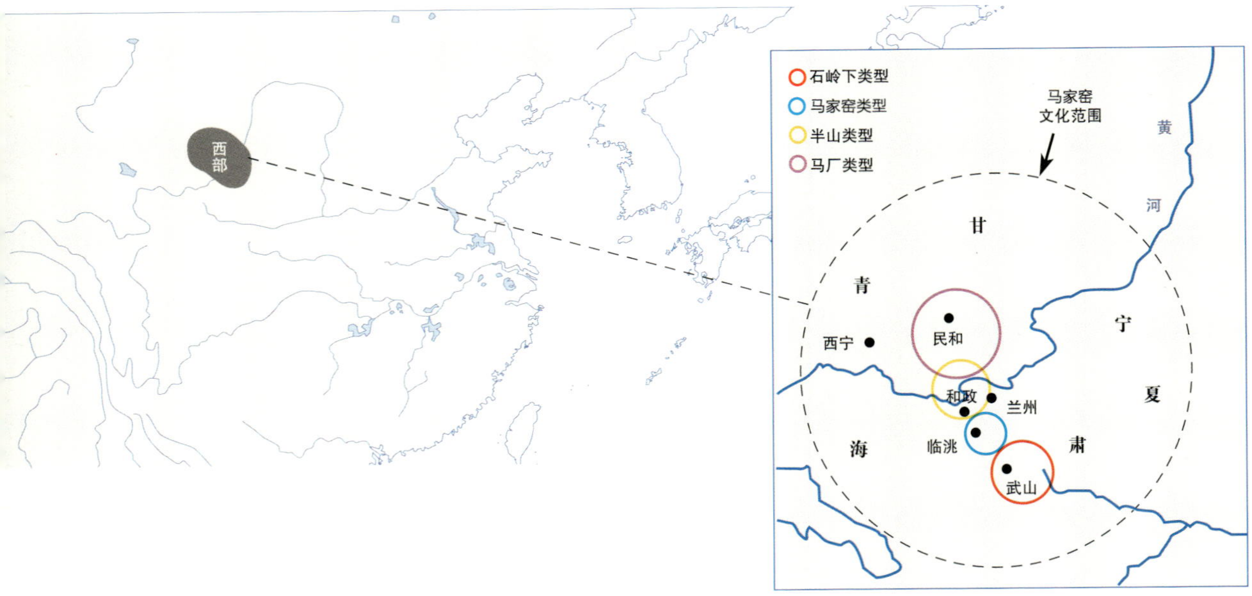

→甘肃临洮马家窑彩陶货场／当中原仰韶文化逐渐衰落时，其西面的土著却与东来的仰韶文化结合，产生出绚丽的彩陶文化，在甘青高原大放异彩。马家窑文化遗址是迄今所知东亚地区最早、最具规模的专业手工业生产基地。马家窑文化的陶器，除了流向东南各路之外，也不排除流向更西方的异族文化区域。图中可见运载陶器的捆扎方法。这种捆扎方法，既可供单架单人背负贩运（歇脚时如图右，把架子撑起，则可腰靠卷毡小歇），亦可供叠架装船远途贩运。

中国上古时期有一种色彩斑斓的陶器，其上彩绘流畅飞旋、豪迈奔放，有些更造型奇特，洋溢着天马行空般的想象力，被国际美术工艺收藏界视为至宝——这就是绚丽多彩的马家窑文化彩陶。

马家窑文化分布于黄河上游甘青高原的洮河与湟水流域，早在旧石器时代晚期就有人类活动。这是中国上古两大系神话之一的昆仑系神话的发源地，人们耳熟能详的西王母及瑶池仙境就落在此区。据有些神话学者研究推测，汉砖上所刻戴“胜”王母的原型是原始织机。所谓“胜”就是织机的机轴，后来化作古代上层妇女的头饰，称为“华胜”。可见，这儿也极可能是古代纺织术的发源地之一。

距今六七千年前，全球气候转暖，中原先仰韶文化的先民，陆续向西移徙，逐渐与当地的土著结合，终至开创了马家窑文化，使西部文化出现了一次飞跃。

马家窑文化鼎盛的年代为距今5300～4050年。马家窑文化以其空前绝后的彩陶，给中国石器时代的历史抹上了一段最为绚丽的色彩。马家窑制陶窑场多分布在河岸，一个地方的窑场往往有十几座陶窑，规模庞大。所烧制陶器的绝大部分应该用于外销或交换，是迄今为止所发现的史前时期最早、规模最大的手工业基地。

马家窑陶器中所塑造的人物形象，都是扁圆脸，颧骨较高，鼻梁较低，是典型的蒙古人种，与出土的人骨鉴定结论相当一致。甘青高原史前人类在体质鉴定上都属于东亚蒙古人种，并且与现代华北人非常接近，也是后来西北一带氐羌人的祖先。

今日，我们未必能就氐羌族而联想到彩陶，而实际上，氐羌先祖曾以熊熊的窑火，创造了马家窑彩陶的千古绝唱，至今仍令国际工艺美术界为之肃然景仰。■

↑康乐边家林遗址出土黑红彩陶罐。

↓卍纹长颈壶，青海民和新民乡出土。

←鲵鱼纹彩陶罐，甘肃省甘谷县西坪出土，马家窑文化石岭下类型器物。泥质红陶，绘鲵鱼纹，脸似人面，颏下有须。

↑青海柳湾出土的马家窑文化马厂类型的人像彩陶壶。

↖网纹马纹彩陶罐，甘肃省榆中县马家窑文化遗址出土。泥质红陶，绘平行线、网格、鸟纹和弧线三角形。

←人头器口彩陶壶，马家窑文化马厂类型，柳湾遗址出土。

↑兰州发现的双格颜料调钵。

↓曲颈菱形彩陶铃，甘肃王保保城马家窑文化遗址出土。泥质红陶，鼓腹曲颈，绘菱形纹和直纹。

↓跳舞纹陶盆，马家窑文化类型，青海省大通回族土族自治县出土。

↖旋纹彩陶瓶，甘肃省兰州市杏核台马家窑文化遗址出土，泥质红陶，通体黑彩。

西部 …………

铜石并用的先行者

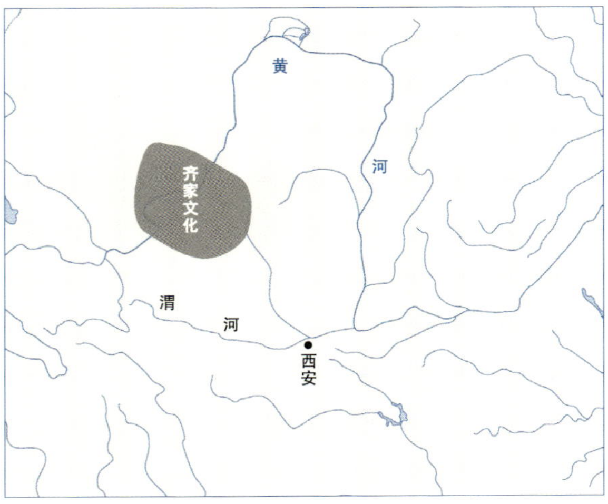

↑西部齐家文化位置示意图。

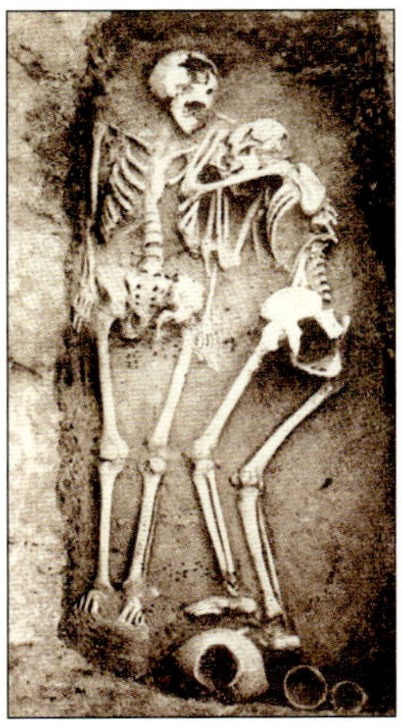

←甘肃永靖秦魏家遗址男女合葬墓。从葬式看已呈“男尊女卑”之象。

↑甘肃临潭陈旗磨沟出土的铜项饰。

↑甘肃临潭陈旗磨沟出土的铜削、残木屉。

↑七角星纹镜，是中国最早的铜镜，边缘有两孔，可以系绳供悬挂之用。镜背面饰弦纹，构成七角星图案。

↑青海大通上孙家寨遗址出土齐家文化彩陶双大耳罐。

在社会发展史上，铜器的出现被认为具有划时代的意义：从新石器时代到青铜时代，是人类社会一个颇具里程碑意义的跨越。

中国历史上，最早闪耀出铜器光芒的，是西北的甘青高原。

甘青高原的河谷阶地相对狭小，本来难以容纳庞大的社会组织，但实际上却又存在过一些颇具规模的中心聚落。如前面“中西部”篇所说到的甘肃省秦安大地湾遗址，原先仅是“中原文化向西北楔入的一个锐角”，但经过1000多年的持续发展，到了距今4000多年，却已脱胎换骨，呈现出一种有别于原先中原文化的新面貌，其聚落分布已遍及黄河上游各支流的河谷阶地，有的甚至上至山坡顶部。人口空前繁密，促成社会组织进一步的完善。

齐家文化进入距今4000年时期，制铜业崭露头角，带出青铜时代的一抹曙色。齐家文化出土的铜器数量与品种，已远远超过同期的其他文化。齐家文化的先民不仅掌握了铜的冷锻技术，还掌握了单范甚至合范的铸铜技术。

那时的齐家文化，男性已占绝对重要地位，妇女基本上被挤入务家劳动。酋长与巫师也已分工，并形成了巫师阶层。考古发掘的墓葬中也发现了人殉。

其遗址中还发现了海贝，表明远古时期西北高原的对外交通贸易比我们一般的想象要发达许多，它必定存在过可能不只一条与外界交通的通道，只是迄今尚未被发现而已。

如果按正常的历史进程，齐家文化也会出现部落联盟或早期的城市经济。但考古发掘的结果表明，这一文化竟在距今3500年左右突然停滞，并呈现倒退之象。

古气候学的研究发现，在距今4000年前后，出现了一次变幅较大的寒冷期，西部全新世气候最适宜期结束，新冰期开始了，山地冰川越过雪线向下大幅度推进，随后是湖泊水位持续下降，气候转为干冷。自然界这一剧变，摧毁了甘青高原气候最适期的生态环境，于是，农业瓦解、人口急剧减少、聚落大量被废弃，原先作为辅助经济的畜牧业，被逼转为经济支柱，原先崭露光芒的文化，变得黯然褪色。

进入信史时期以后，该地域的民族被中原人称为氐羌，那时，他们已成为游牧民族。

氐羌族后来大部分都融合到华夏族中，有些或居于原地，有些或向南迁徙，成为西南少数民族的重要组成部分。

当今日我们吟诵“羌笛何须怨杨柳，春风不度玉门关”时可要知道：中国青铜时代炙热的炼铜之风，却是首先由氐羌人吹起。■

← 甘肃张掖西城驿出土马厂晚期矿石。

↗ 甘肃张掖西城驿出土马厂晚期吹风管。

→甘肃高原上的“菸菟舞”／“菸菟”是虎的别称。上古时期氐羌的先民崇拜虎，这崇拜后来转化为习俗，在族中流传至今。上古时期的歌舞，最初并不带任何娱乐因素，而是向神的献祭，是一种极其虔敬的宗教仪式，必须由氏族首领与巫觋主持。

↓现今少数民族羌族的“菸菟舞”。

←人头形柄铜匕，甘肃省广河县齐家坪出土，长14.6厘米，是中国最早的青铜人像雕刻，风格质朴，构思新颖。所谓“匕”，其使用功能大体等同于现今的匙，是筷子发明前中国古代的食器。

← 铜矛，甘肃齐家文化遗址出土。

← 铜锤，青海省化隆回族自治县下斑主湾出土。

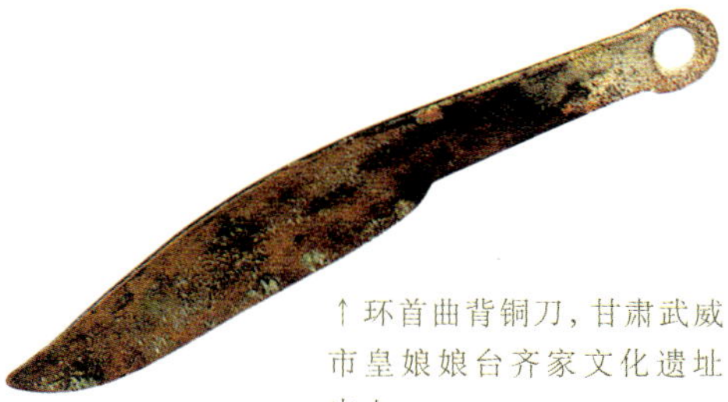

↑环首曲背铜刀，甘肃武威市皇娘娘台齐家文化遗址出土。

氐羌先民的西拓与南下

→西藏卡若遗址全貌。

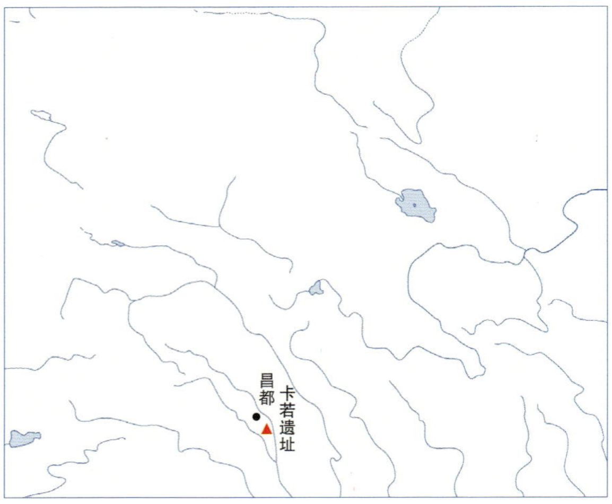

↑西藏卡若遗址位置示意图。

西部氐羌先民，在距今5000年新冰期后开始结成群团向西、向南流徙。向西流徙的氐羌先民，和当地的土著结合创造了西藏境内的新石器文化。

氐与羌本来是两族，但古人每每把氐羌连称，或视作同种同族。从神话谱系看，氐人出自炎帝一族，炎帝姜姓，羌人亦姜姓，可见氐羌二族可能是同源而异族。

羌族自称是猕猴后裔，而猕猴是藏人的始祖神；西藏境内的新石器时期具代表性的文化遗址——卡若的文化面貌，明显受马家窑文化影响；卡若遗址临河，出土遗物中却没发现鱼骨……多种迹象说明藏族的发源来自于氐羌先民和当地土著的结合。

氐羌先民向西拓展，很快就遇到难以克服的地理屏障和难以适应的高寒环境。于是流徙的主要方向就此转折南下。翻过秦岭进入四川盆地的那些部落，成为了盆地的主体民族，后人以“蜀”作其称谓。成都平原是诸种文化与经济资源辐辏之处，蜀人取精用宏，充分利用了可供其独立发展的资源，创造了后来风格独具、光彩夺目的蜀文化。

甘南川西向南延伸的藏彝走廊，俗称民族走廊，沿着金沙江、怒江、澜沧江的三江河谷，上接青藏高原、下达云贵高原，甚至伸延至更南的湄公河与萨尔温江之间的泰缅高原。这道走廊，不利于东西交通却便于南北来往，且因地形与高度的差异，提供了多种生态环境，应合着不同族群的生活特点。于是北方的这一拨又一拨，或迁或居，文化面貌纷繁，族群种类也众多，成为西南各民族的主要来源。他们还与来自东北及东方的百越与百濮民族、以及一小支北上的南亚语族及孟高棉语族的部众相遇，也可能还有中世纪以来在中国已然绝迹的小黑人，都在云南交汇，这就是史前中国西南民族移动大势。在这种自然条件多样化的大环境内，文化形态错落多姿，物资交流的需求也甚盛，使这一地区成为了中国原始种群与文化的百纳箱。■

↑猴面陶塑。

→卡若遗址复原图（张孝光先生复原绘制）／卡若遗址位于西藏东部、接近四川的东澜沧江流域的高原上，海拔3100米，是中国目前发现的最接近苍穹的新石器时代遗址。遗址由于各种原因未能全部发掘，该图只能呈现部分面貌。

↑卡若先民“全家福”。
卡若先民以狩猎及饲养业为主，兼营农业。干冷的气候，令穿戴皮毛成为他们传统的特征。其文化明显受马家窑文化的影响。

↗云南玉溪通海县出土的双耳陶罐。

↑鸡形陶壶，云南楚雄彝族自治州元谋县大墩子出土。

↑甘肃齐家文化遗址出土的海贝。

↗陶豆，西藏自治区拉萨市曲贡文化遗址出土。

←↖陶罐，西藏自治区拉萨市曲贡文化遗址出土，新石器时代器具。

←云南纳西族关于民族迁徙的耳苏（藏族一支）古经文。

西部 ·············

原始文化淀积的宝地

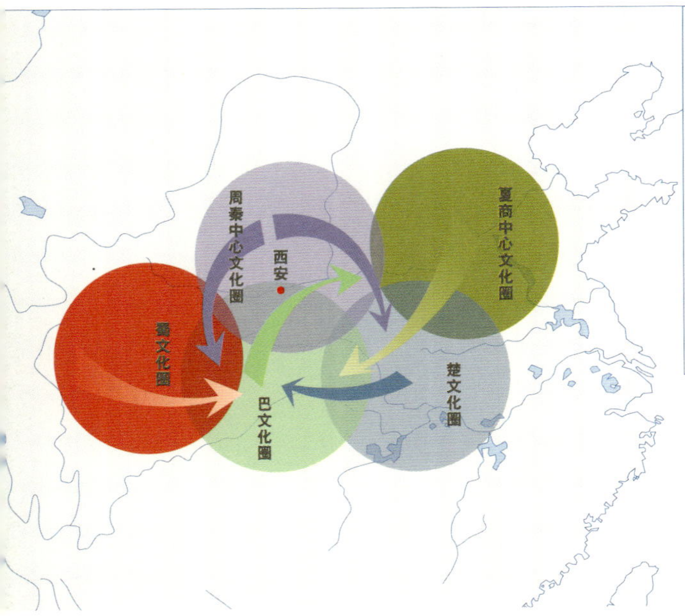

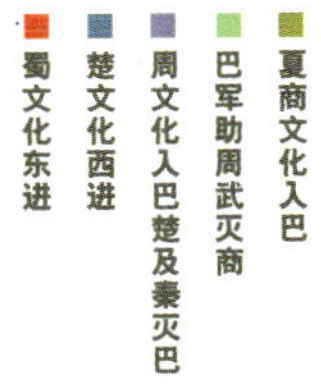

↑巴文化与周边文化交流示意图。

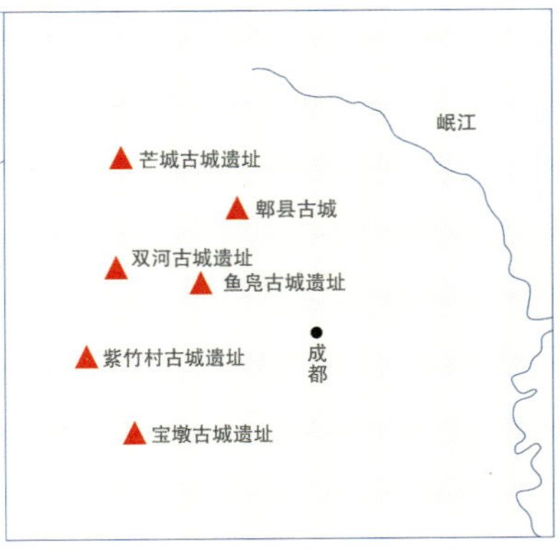

↑拥有六座古城的四川宝墩文化遗址分布示意图。

↑宝墩古城城墙遗址。

↑铜鼓上刻内穿贯头衣人纹饰／贯头衣是指用大幅的布中心开口，前后各垂一端，腰间束带，成为上装。云南省出土的铜鼓上的贯头衣纹饰，应是哀牢人的装束，今天云南某些民族中仍有此习俗。

←岷江上游茂县营盘山遗址发掘的彩陶盆。

晚至唐代，诗人李白还有“蜀道之难，难于上青天”的浩叹，可见四川、连带其南边的云南，自古与外界交通之不易。因此，西南在中国历史上的整体作用历来被忽视。所谓“川滇一隅”，在中国历史大势中，基本上未彪炳过什么牵动全局的“文治武功”，它的地位多属于“偏安”的“藩属”角色。但对于东南亚的历史来说，它却可说是文渊之乡、动力之源。

从远古时代起，中国西南就由于地理及生态环境的相近而与东南亚有着密切的文化联系，并常在相互交往中居于主导地位。东南亚古文化，相当明显地带着古中国影响的痕迹。溯其发轫，当为古蜀。战国时期秦灭蜀，蜀王子安阳王率众3万南入交趾，雄踞北越，开启了越南的新时代便是著名史证。由蜀入滇，经缅甸到达印度的通路，也开辟甚早，后世命名为“身毒道”，其实就是西南丝绸之路。

西南的重要之区首推四川盆地和云南。

考古发掘及文献都表明，四川盆地很早就孕育发展了本土文化，古蜀新石器时代的上限，可溯至距今8000

→四川郫县古城大型建筑复原图（本图由张孝光先生复原绘制）。／考古遗址的发现，只是考古工作的开始，发掘进一步的展开与深入、对发掘环境及出土器物的整理分析、恢复遗址遗物多方面的本来形态、组织它们之间的关系、重现其历史面貌，这需要几年、十几年、甚至几十年的时间。四川郫县古城于1996年试掘，后于1998年开展460余项考古工作。故古城未有条件予以复原。这所大房子位于古城中部，方向与古城一样为东南向，长50、宽11米，卵石为房基，墙体为木柱间编缀竹笆，内外抹草拌泥。据分析，内设有顶梁大柱。屋内未发现一般的生活附属设施，作为大型礼仪建筑的可能较大。

↑西南蛮苗一家在迁徙中歇憩／西南地区的史前文化，有论者认为可称之为“竹木文化”。图中一家，除了长者腰间别的石斧外，几乎无一不是竹木制品。右侧的小姑娘，发笄勒额都是竹制的，耳环串、胸饰、手镯均为藤制品；中间青壮年男子携的是竹弓竹箭；左侧女子穿的是草裙配草编膝饰，手中拿的是葵扇；身后的背篓，也都是以竹与藤编织的。

年以前，其下限，是距今4000年前，分布于川西平原200余处的新石器文化遗址便是实证。其中新津宝墩、都江堰芒城村、崇州双河村和紫竹村、郫县古城村、温江鱼凫村六座古城址的发现引起了广泛关注，总体被命名为“宝墩文化”，存在于距今4500～3700年。而被国际舆论称之为20世纪“最重要的考古发现之一”、相当于殷商时期的三星堆祭祀坑及其后的金沙遗址，与宝墩文化到底有何种程度的关联？则至今尚在探究中。

一个非常有趣的现象是，在四川盆地中创造辉煌的，往往是外来者——有从北方南下，有从东方沿三峡西上，也有从南方北上，从西方东移。在这些先民的足下，艰险的蜀道似乎成了坦途。这真是令人不可思议！

据蜀地传说，蜀人始祖名蚕丛，本居岷江上游岷山石室，后南下建国。此后历柏灌、鱼凫两代（族）。不久，滇北昭通一带的杜宇和梁氏女利又成为蜀人的王与妃，暗示着云南的一支先民加入了蜀人族群。而治水的鳖灵在传说中来自东方，后来取代杜宇为帝，号称“开明”。而有实在根据的是：蜀人与由东方西上的巴人共同在这盆地上创造了灿烂的巴蜀主流文化。但巴人起源却是长期困扰学术界的一个难题，至今众说纷纭。在众多的文献记载中，有考古学上支持的是，巴人发源于长江中游的湖北西部清江流域，后来沿着长江向东西两个方向迁徙，向西的一支到达盆地东部与当地土著融合，并继续向西达至川西平原。盆地之原居人或寓居人往往还会接着沿民族走廊渐次南下进入云南。

而进入云南的，还有今天贵州方向之蛮濮和广西方向之百越，多种群族与文化都汇聚一堂并积淀数千年。解开中国历史文化古貌的钥匙，很可能在这里。■

↓有段石锛／云南省滇池地区新石器时代遗址出土。与浙江、福建、江西、广东、广西、台湾、香港等地发现的石器类似。

↑岷江上游茂县营盘山遗址发掘的穿孔玉刀。

↑黑陶双耳罐／云南省玉溪市通海县新石器时代遗址出土。

林莽草原的文化先驱

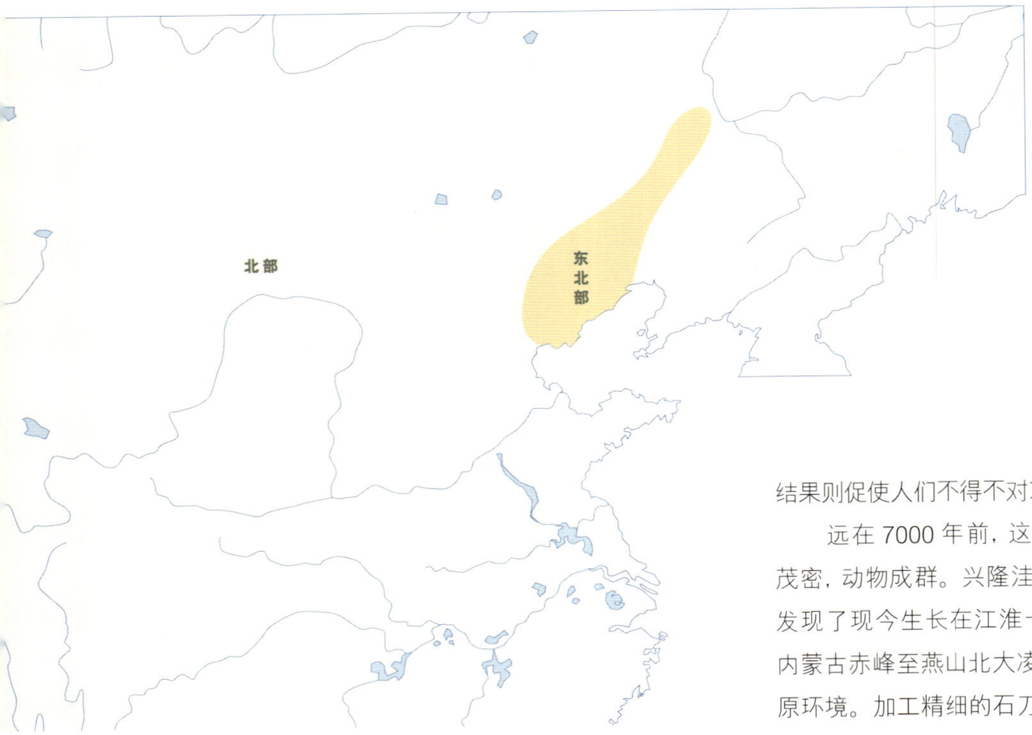

↑大兴安岭西麓的桦树林。生活于北方桦树林周围的先民们，在生活上依靠桦树的同时，也创造了“桦皮文化”。

每每提到中国的关外，印象中一定是莽莽林海、漠漠荒原、皑皑白雪、人迹罕至，是寒带野生动物的自由世界。但内蒙古与辽宁省西部接壤的一个新石器时代遗址——距今七八千年的辽西兴隆洼文化聚落，其考古发掘结果则促使人们不得不对东北的原始文化予以重新认识。

远在7000年前，这儿土质肥沃，气候湿润，草木茂密，动物成群。兴隆洼遗址不但出土了胡桃果核，还发现了现今生长在江淮一带湖泊中的水蕨。可见当时内蒙古赤峰至燕山北大凌河一带，是温暖湿润的森林平原环境。加工精细的石刀石镞等细石器，是兴隆洼文化最显著的文化特征。东北大地，渔猎经济活跃，延续时间长，但各处又不尽相同。北部始终是以狩猎采集为主的经济文化区，南部则随着气候条件的变化而演变，有时也能够发展起农业，但农业经济总的来说长期不太发达，制陶业相对滞后，器类简单。而无论是从事狩猎还

↓七八千年前的内蒙古草原，常有一群群如奔雷般疾驰而过的鸵鸟，那是大自然赐予草原捕猎者飞石索下的恩物。不过，猎鸵鸟是相当危险的作业，一旦接近而被它力猛劲强、锐如匕首的鸟爪蹬中，不开膛破肚也筋骨摧折！

↑黑龙江密山新开流遗址出土的陶罐，距今约6000年。

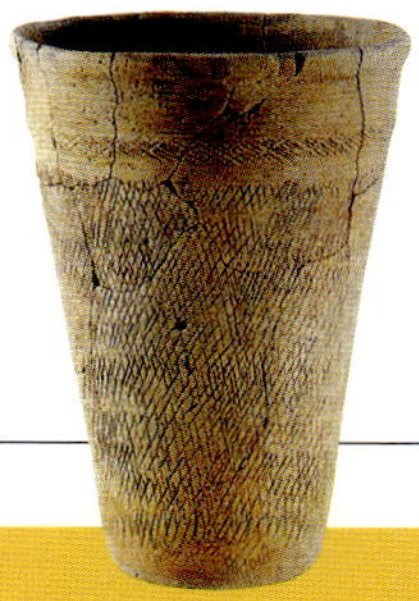

↑兴隆洼遗址出土的敞口筒形罐。

↑内蒙古南宝力皋吐红褐陶刺猬。

←辽宁沈阳新乐遗址出土的煤精饰件，磨制精细，距今约6000年，是目前所知中国最早的煤精首饰。

是农耕的部落，都以桦树皮或兽皮搭建的帐篷为居所。

东北平原与蒙古草原之间，没有不可逾越的屏障，自古以来就有不少氏族部落卜居留寓于此。进入历史时期以后，则长期被中原人笼统称为北狄。广阔的草原既为游牧民族提供了生活所需，也为人类族群预设了开拓政治新局面的大舞台。大兴安岭密林中，蒙古苍茫的草原上，汇集着复杂的人类种群，一旦他们汇作一股巨大力量，手持弓矢，联群涌出密林，驰出草原，那宏大的历史场面往往就由他们一掀而起。■

↑冰河狩猎／大兴安岭一带气候寒冷，不宜农耕。冻土先民的世世代代，生来都是捕猎者。

↓萨满鼓，达斡尔族萨满作法时敲打伴奏的用具。

东北与北部

饲养与农业生活的拓展

↑兴隆洼遗址发掘后的现场。

↑东北部的史前遗址有一个明显的区域特征，就是女神偶像崇拜。上图为分布各地的石雕女神像。

兴隆洼文化遗址，距今已有8000多年，是现知中国境内最早的环壕聚落之一，且保存完整。聚落的400米外，还有一个子村落。聚落的社会组织呈多层次复式结构。估计人口300左右。他们用打、琢、磨和压剥的方法制作石器，这些原始的石头工具，敲醒了北方沉睡的大草原，在北方地平线上抹上了一道农业文明的曙光。

兴隆洼先民从事农业生产，主要的农作物是粟。他们所使用的农具，形制独特，像掘土用的烟叶子形和鞋底形的石耜、收割用的桂叶形双孔石刀等，均与其他文化区不同。

捕鱼狩猎，是他们农业以外的另一谋生方式，并在狩猎剩余的基础上发展起饲养业。考古发掘表明，那时他们已把野生的猪、牛、羊等驯养成家畜了。

但他们所制作的陶器，却比中原粗糙多了，且只有夹砂陶，均用手把泥圈套接捏合成器，器口外贴附泥条。焙烧的火候也低，陶质酥松，颜色有红褐、灰褐和黄褐。器皿大部分陶胎较厚重，内壁多抹光，外表皆施纹饰，主要是压印纹。器形较单调，以罐和钵两大类为主。

从民族学角度推断，东北一地的制陶业之所以不太发达，原因在于他们更乐于使用桦树皮制作各种应用器皿，包括造船、建造房屋。因此，有论者以“桦皮文化”标示其区域文化特征。

东北的史前遗址，还有一个明显的区域特征——女神偶像崇拜。各遗址出土的石质或陶质之大大小小的女体塑像，是女神崇拜的明证。后世萨满教的流行，可能与此不无联系。至距今6000～5000年的红山文化时期，在细石器与大型石器共存的文化特征下，女神庙、祭坛、积石冢组成的大型宗教系列建筑横空出世，伴随以甚为发达的玉器，标示着这一区域文化是中华文明的主要源头之一；甚而有论者猜测，综合该区域的熊首峰、众多的龙形器以及大型的宗教建筑群等种种特征，再联系古史传说作推论，认为红山文化区才是黄帝族的发源地。■

→东北“仙人柱”式帐篷内的夜晚／在原始社会时期，入夜后围坐于居所的火塘边，几乎是夜猎猎手之外所有人的“夜生活”方式。火塘的火光，映照着依然孜孜从事轻微劳作的身影；弥漫的炊烟，飘浮着有关神恩、神迹、灵界的想象，以及祖先的历史、日间趣闻等“天方夜谭”。图中煮食的陶罐下架着的陶支脚，在考古发掘中多有发现。火塘后靠帐篷处所供奉的，是史前东北先民所崇拜的女神。神像大多丰乳肥臀，寄喻着早期人类对生育与繁衍的孜孜期望。

←关外先民“全家福”／在这图中，既有北边大兴安岭密林中世代传承的捕猎手，也有靠南边燕山北麓的农业部落先民。虽然彼此所处的地域最远可达上千公里，且南北两地的环境与气候不尽相同，但在文化特征上，例如桦皮器皿、细石器、仙人柱式居所等特征却是共有的。

←←“之”字形纹彩陶碗。
→椭圆底陶罐。
←龙纹陶尊。

↓兴隆洼秋色／兴隆洼聚落的居所排列整齐有序，且都是桦皮或兽皮搭的“仙人柱”式。（由张孝光先生复原绘制）

東北与北部 …………

龙和玉的北系之源

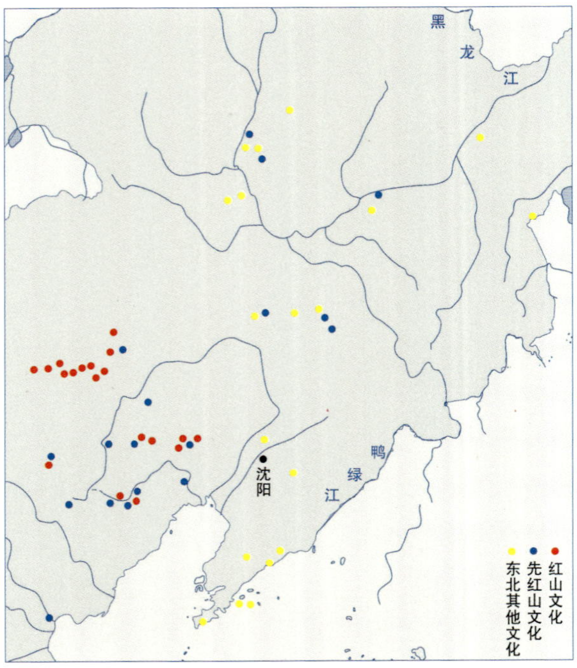

↑东北地区新石器时代玉器出土地点分布图。

↑玉雕龙，辽宁省建平县征集。

↑玉雕龙，牛河梁第二地点一号冢4号墓出土。是正式发掘出土的玉雕龙。淡绿色软玉，质地坚硬，圆睛微突，吻部有皱纹多道。

↑辽宁阜新查海遗址的龙形堆石遗址。

龙，在中国的文学艺术中是频频出现的意象。可龙的形象源于何物？已故的著名学者闻一多先生作过这样的推测：蛇身加上兽的四肢、马棕鬣尾、鹿角狗爪、鱼鳞鲇须，是上古时期象征多个部落融合的图腾。

但也有论者说，龙形在秦汉后方逐渐定型，而且仅仅是封建帝王权威的象征。

实际上，接近所谓龙形的纹饰，在新石器时期的各文化区时有所见，然而，却都不如兴隆洼文化及其后的红山文化般，那么源远流长、情愫独钟。

隶属兴隆洼文化的辽宁阜新查海遗址，就赫然出现了距今8000年的龙形堆石，有论者认为，这是迄今所发现的最早的龙形。伴随龙形堆石出土的，还有多种类型的玉器，共30多件，工具类以小型锛形器为主，也发现有较大的玉斧；非实用的器类主要为玉玦和玉匕形器的组合，另有玉管。这批玉器均为透闪石软玉，是目前所知世界上最早的软玉制品。

此后经过2000年的发展，到了距今6000年前后，今河北北部、辽宁西部、内蒙古东部均进入红山文化范畴。此时，龙形图腾及玉文化在这一区系臻至极盛。形体各异、大小不一的玉雕龙形器，在内蒙古赤峰、辽西的牛河梁、东山嘴等地均有发现，以玉器陪葬也蔚然成风。红山玉的玉材有软玉、岫玉、绿松石等，难度很大的琢玉技艺已为红山玉匠娴熟掌握，开创出器形浑朴、

→辽宁阜新查海遗址的龙形堆石复原图（张孝光先生复原绘制）／图为复原的村落中心，龙形堆石长近20米。从遗址中央穿过的基岩脉上，采用红褐色大小均匀的石块堆塑而成。龙头、龙身处，石块的堆摆尤为厚密，而尾部则较松散。四周以房屋环绕，尾部与聚落中最大的一间房屋相对，而头部以下是片墓地，位置十分显赫。另外在该地出土的陶器上发现有浮雕的龙纹，显然与祭祀有关。

↑玉鹰，辽宁省文物商店征集。玉呈黄绿色，鸟的整体造型近方形，背面有横钻对穿鼻状孔，用以穿缀。

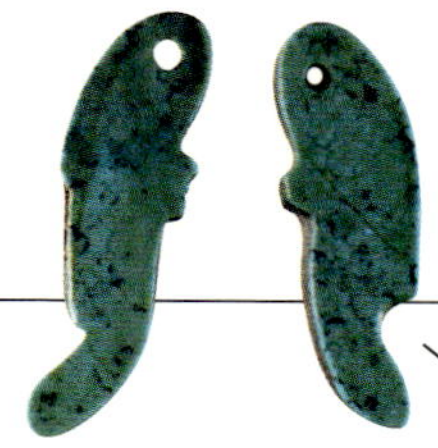

↑绿松石鱼形耳坠，辽宁省阜新县胡头沟墓地出土。

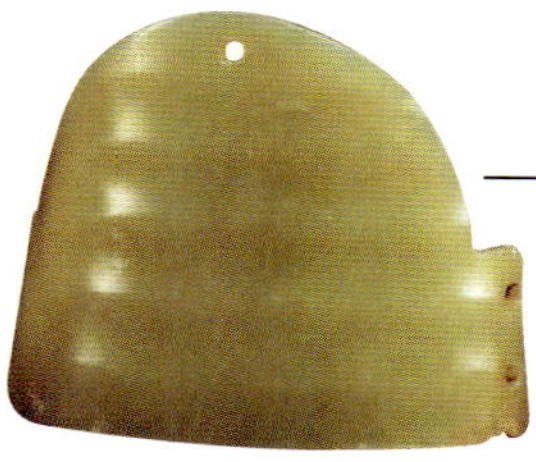

→玉臂饰，牛河梁第三地点9号墓出土。为淡绿色玉，出土时位于人骨上臂处。

←绿松石鸮。辽宁省喀左县东山嘴遗址出土。形作展翅状，用浅而细的阴线雕出羽翅、尾、头、目、耳和喙，线条流畅而准确。

→红山文化酋领／头戴麋鹿角冠，玉鹰勒额，手持异形玉神杖，臂现龙形纹身，胸悬勾云形玉佩，当是积石冢内大型墓葬中那位极可能是身兼大巫师之红山文化酋领形象。北方之巫，后世称为“萨满”，所戴的鹿角冠，分叉越多，则显示地位越高。

↑勾云形玉佩，牛河梁第二地点一号冢14号墓出土。白色蛇纹岩。

↑勾云形大玉佩／牛河梁第二地点一号冢27号墓出土。淡绿色玉，体甚薄，通体磨光有透明感。

线条简约、转折微妙的红山玉风格，是我国新石器时代玉文化的北系典范。

红山文化上等规格的玉器多出于大型的积石冢中心大墓，一些中型墓葬也常常只用玉器随葬，使玉器几成红山文化墓葬中唯一的随葬品。这种“唯玉为葬”现象，成为红山文化葬俗的特征之一。

后来孔子说玉有“七德”，使中华民族崇玉赏玉之情往下一再传承，至今未衰；而龙图腾的创造，则可说是中国文化的一种浪漫，是我们远古先祖，凭其无穷的想象力驰骋六合、遨游八方的精神具象之一。■

↑玉龟，辽宁省阜新县胡头沟墓地1号墓出土。淡绿色玉。龟背呈多边形，背面无纹，有四足和短尾。

↗玉双猪首三孔器，辽宁省凌源县城子山2号墓出土，红山文化玉器中的精品。

↗兽面纹长方形玉牌饰，辽宁省文物商店征集，淡绿色玉，一端开为兽耳，耳下为圆圈形双眼，两小眼为鼻孔，宽口，嘴角凸出。

↑小型勾云形玉佩，牛河梁第二地点一号冢9号墓出土，淡绿色玉。

↗玉箍形器，牛河梁第二地点一号冢4号墓出土。碧绿色玉，长筒形，筒扁圆。出土时枕于头下，依其出土位置释为束发器。

↓牛河梁第五地点一号冢中心大墓，墓主为男性，仰身直肢葬。头骨两侧各置一玉璧，胸部有勾云形玉佩和鼓形玉箍，右腕戴一玉镯，双手各握一玉龟。

红山文化的神居之所

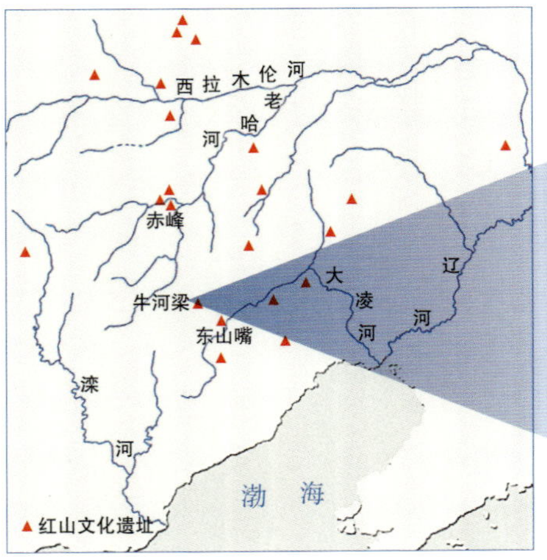

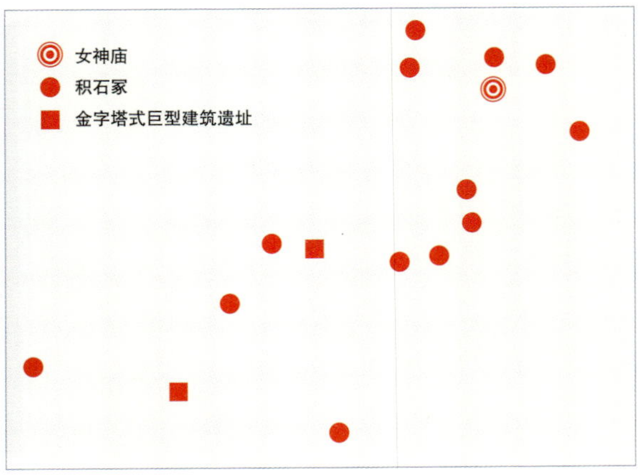

↑↗红山文化遗址分布示意图以及红山文化的大型建筑群——牛河梁遗址的庙、坛、冢分布图。

←彩陶筒形器，牛河梁出土。为泥质红陶，其上下贯通，或与贯通天地的信仰有关，是红山文化葬制之一大特色。

1908年，日本人类学家鸟居龙藏潜入内蒙古东南部的林西县和赤峰县英金河畔，作了一番人类学考察，嗣后在具国际权威的考古刊物上，发表了《赤峰英金河畔先史遗迹调查》的报告，红山文化的面纱，由此被掀开一角。其后，又有法国学者在内蒙古东南部发现了多处新石器遗址。瑞典地质学家安特生在发掘著名的河南仰韶遗址之前，也曾到这一带进行调查，并发掘过沙锅屯遗址。

1930年开始，梁启超的次子、中国考古学家梁思永，以及裴文中先生进行了长期的调查研究，尹达最终把这一地区的考古学文化定名为红山文化。直到20世纪七八十年代，红山文化终于向世人展现出以“神居之所”为标志的赫赫气势。

在辽宁省西部凌源、建平两县交界处的牛河梁地区一处占地50平方公里的范围内，依山梁起伏、按南北轴线分布着一个包括祭坛、女神庙和积石冢群的大型宗教建筑遗址群。诸多遗址之间既有主次又彼此照应，形成一个大范围的有机整体。在这建筑群周遭，上百平方公里的范围内，却不见任何居住遗址的迹象。可见，这是红山先民刻意经营的一个规模宏大的祭祀中心，是把红山文化所属族群凝聚在一起的先祖圣灵的“神居之所”。

牛河梁这一宗教圣地兴盛于距今5000年前后，属于红山文化晚期。仅从这一“神居之所”，便足以推想到当时红山文化高度的组织、强烈的凝聚力及恢宏的气魄。

遗憾的是，至今尚无足够的证据，以表明当时的西辽河流域已进一步迈入文明国家，相反，却在其腹地出现了令人困惑的文化“中断”现象。有专家将之归咎为环境因素，认为西辽河流域虽然可农可牧，但并不适宜从事大规模的粗放农业，生产组织本质上的散漫，使其组织与凝聚力都只能保持一时，而最终不能彪炳于“英雄时代”的“万国”之林。

虽然红山文化“中断”之后尚余音未了，在大兴安岭东南面山前地带引申出了富河文化，但其文化形态却更多地受到南面龙山文化的影响，已不再具有原先红山文化的赫赫气势了。■

←雕塑孕妇像，辽宁省喀喇沁左翼大城镇东山嘴红山文化遗址出土，用泥捏塑而成。有认为是母系社会的生殖崇拜，也有认为是祭奠祖先用的小偶像。

↑红山女神庙遗址的发掘现场。

→红山“金字塔”雄姿／在牛河梁遗址区南部有一座微耸的山丘，丘顶漫圆，呈阶梯形，当地人向来称之为“转子山”，山脚及局部山壁布满人工加工过的略呈长方形的大石块。原来，这是史前时代由人工夯筑、外围砌以大石的大型建筑——或可称之为“红山金字塔”的巨型祭坛。据基部堆石范围推测，直径当在100米左右。祭坛南眺，可见踞伏苍穹之下的熊（猪）首形山峰。而据古籍记载，熊首山是为黄帝的发祥地。（根据张孝光先生复原图再绘制）

←陶钵与祭牲遗骨／牛河梁女神庙灰坑出土。钵为泥质红褐陶，钵内遗留有羊骨和熊的下颌骨。

←←牛河梁M4中心大墓出土玉人。

↗红山女神庙出土的“红山女神”泥塑头像。

↓红山女神庙揭离土表建筑的侧剖内景图／女神庙全长约22、宽2～9米，主体建筑长18.4米，是平面呈“亚”字形结构的半地穴式建筑，左右对称、主次分明；庙内壁突起的宽带，饰以红白相间的几何纹饰彩绘，主室供红山女神像，前后室另有鹰、龙及人形塑像，但出土时几乎都成碎片，现塑像按发掘残件推测复原。红山女神庙不仅是中国最早的复式结构庙宇，亦可称为东方大型礼仪建筑的鼻祖。据测定，女神庙被供奉有500年之久。（根据张孝光先生复原图再绘制）

耸立河曲的石头城群

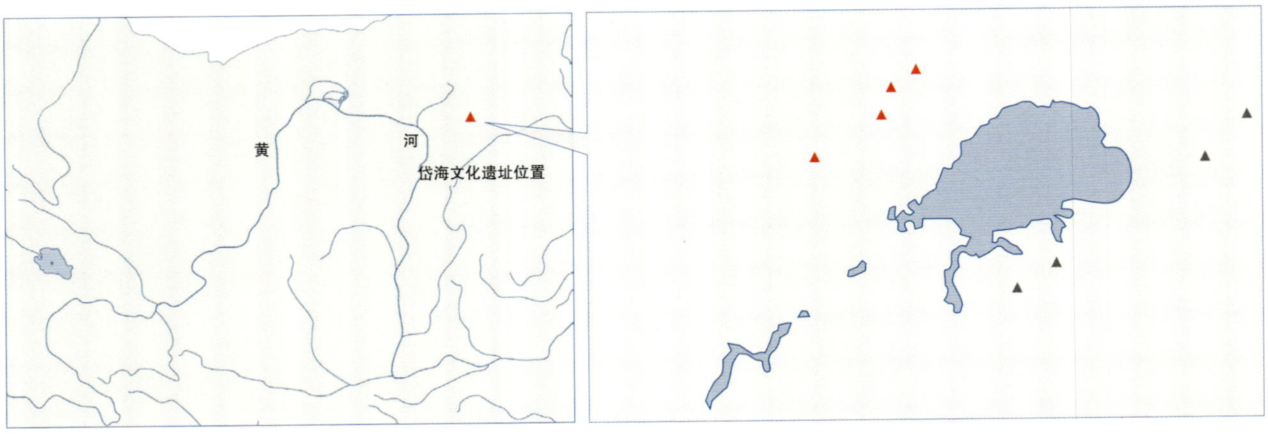

↑黄河河曲／黄河在甘肃、宁夏、内蒙古、陕西、山西五省区形成一个巨大的套状弯曲，称为河套。黄河在前套及拐弯之后，有九曲黄河及九曲十八弯之说，故而习惯上泛称在前套及拐弯之后两岸地区为河曲。

←耸立河曲的石头城群分布图示。

岱海位于红山文化区以西、蒙古高原的南部边缘，面临黄河河曲，南接黄土高原和华北平原，是两大地理区域的过渡地带，气候和植被等也具有过渡性质。这是中部、北部和东北三个大区的“Y”形交汇点，属于农业区北界，畜牧狩猎区的南界。当气温稍高、雨量稍多时，农业的比重就大幅增强，反之，则畜牧业比重大。这种交互变化超过某种程度，就会引起农人的北进或牧民的南下。这是一片人口和经济势态有如江海潮替般反复更迭变化的土地，使得岱海史前文化几无恒形，甚至出现“断档”。从农人中不断分化出来的牧人，逐渐形成北方草原的游牧民族。这支民族，此后几经兴衰，并多次对世界历史带来强烈震撼。

在仰韶文化前期，华北南部的先民便沿着黄河河谷和汾河河谷以及太行山东麓的一些河谷和山口纷纷北上，其中有的族群到了岱海盆地东南小山坡上的石虎山等地，石虎山上有两个年代接近的聚落遗址，分别属于从太行山东麓和汾河河谷迁移过来的族群。

从距今 7000 ～ 6000 年的仰韶文化时期到距今 4000 多年的龙山文化时期，岱海文化发生过十多次变异，虽然总体特征跟中原史前文化比较接近，但同时跟其他地方的史前文化又有不同程度的联系，越往后，其特色越突出，并且为北方青铜文化的发生奠定了坚实的基础。

从西白玉、老虎山到园子沟、大庙坡，一字排开有两组共十多处聚落遗址，除园子沟有天然屏障外，大多数聚落都设置在地形险要的半山腰，并多随山势用石头砌筑围墙城垣。较大山城也有常住民，山城咀最大石头城垣内面积达 30 万平方米。每城内往往都设立一所祭坛。住民的内部分化虽然还不十分明显，但社会经济已有相当程度的发展。居所以黄土窑洞为主，成排分布，形状规格整齐划一，绵延长达二三十公里，蔚为壮观。

这样的城群，在西面包头以东的大青山南麓也有一处由十几个遗址组成的群落。城址都用石块砌墙，占地从数千至一两万平方米。所在地形坡度陡峻又多石头，城内有石砌房基，有台阶式祭坛，要从事生产活动必须到坡下的河套平原去，估计这里都是一些军事防御性建筑加祭祀场所。

这是史前社会开始出现本质变化的一个重要信号：部落之间的武力兼并与反兼并已然十分频繁了。■

↑龙山文化玉雕人头像。

↑陕西石峁城址出土石雕人面像。

↖岱海出土的红陶尖底瓶，带有浓郁的北方民族文化特征。

←岱海出土的彩陶器盖／质为红陶，内空有物，摇之有声。器盖柄首处塑有半地穴式房屋造型，施有少量红彩，表示照耀的阳光。

↑陕西石峁城址出土玉璜。

↑古城顶的祭坛与祭台。(张孝光先生复原绘制)

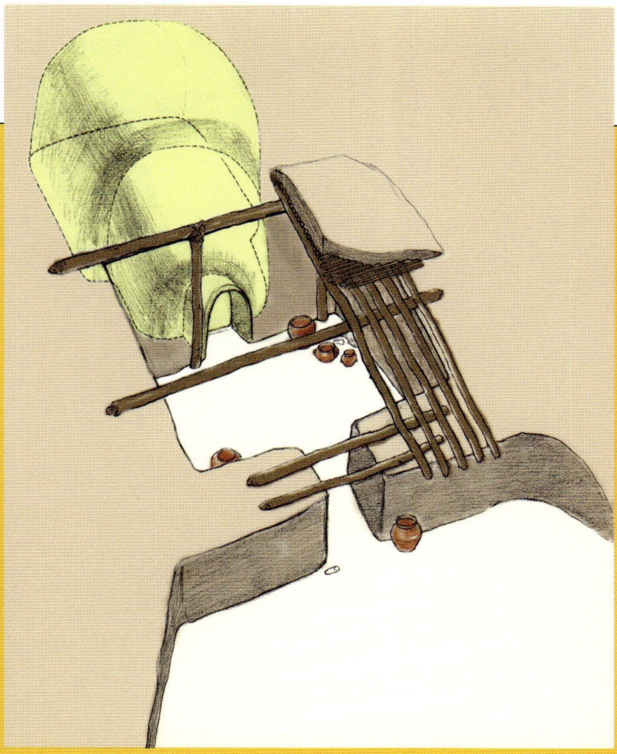

↑遗址内窑洞其中一式之复原剖视图。(张孝光先生复原绘制)

↓老虎山石头古城复原图/城墙高处尽头设有祭坛与祭台。(张孝光先生复原绘制)

东部

雄踞海岸的东夷

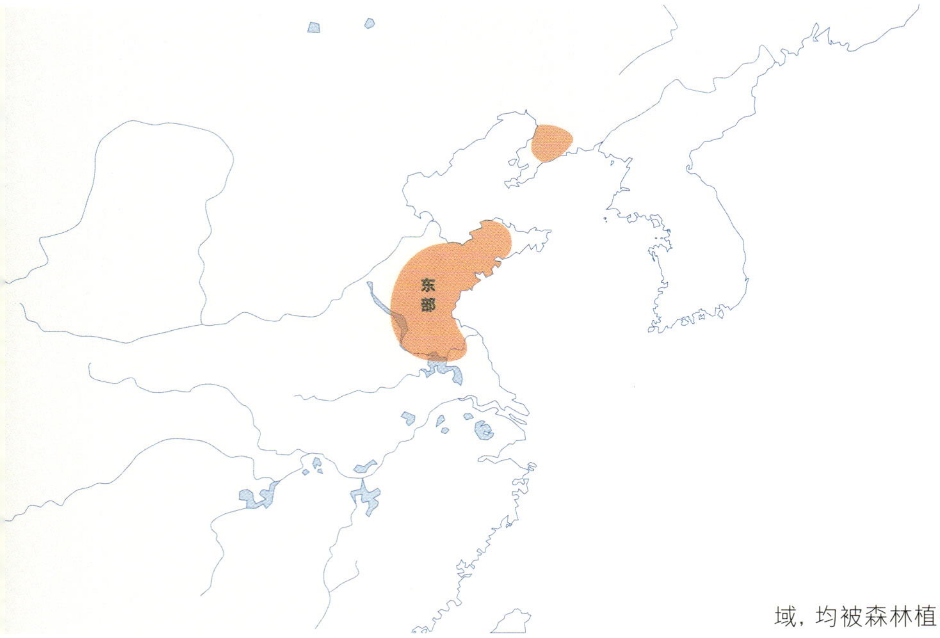

↑山东史前的自然环境，大多与照片中的微山湖近似。

←大汶口文化的八角星纹彩陶豆。

“沧海桑田”是古人借地貌的巨大变化来比喻人事变迁，把它用到今山东地区，却是名副其实。远古时期，黄河下游的冲积平原尚未完全形成，黄河流至今日的开封便已出海，今胶东至淮河平原一带，是湖海交错的水乡泽国。沿海平原和沼泽以及黄河中游流域，均被森林植被覆盖，气候温暖潮湿，与今天长江中下游的洞庭湖地区类似。

史前中国的东部，主要指山东和苏北地区，以泰山为中心的山东丘陵一带是这一区域的核心。她的文化属性并不像人们惯常认为的那样属于中原文化，而是因应着其特别的地理环境，另有一种自具起源、独立发展的性质，并长期走在中国的前列。对这一地区人种和体质特征的辨识，学界存在相当不一致的意见。一种认为基本上属于蒙古人种，但体质类型上与仰韶先民不大相属，而与现今太平洋岛屿上的波利尼西亚人更为接近；

↖大汶口文化的彩陶背壶。
↑大汶口文化的带盖陶鼎。

↑大汶口文化的黑陶杯。

↑江苏顺山集出土泥塑猴面。
←山东龙山文化的薄胎高柄黑陶杯／其胎薄如蛋壳，轻击之带金属声，是史前制陶工艺的巅峰之作。

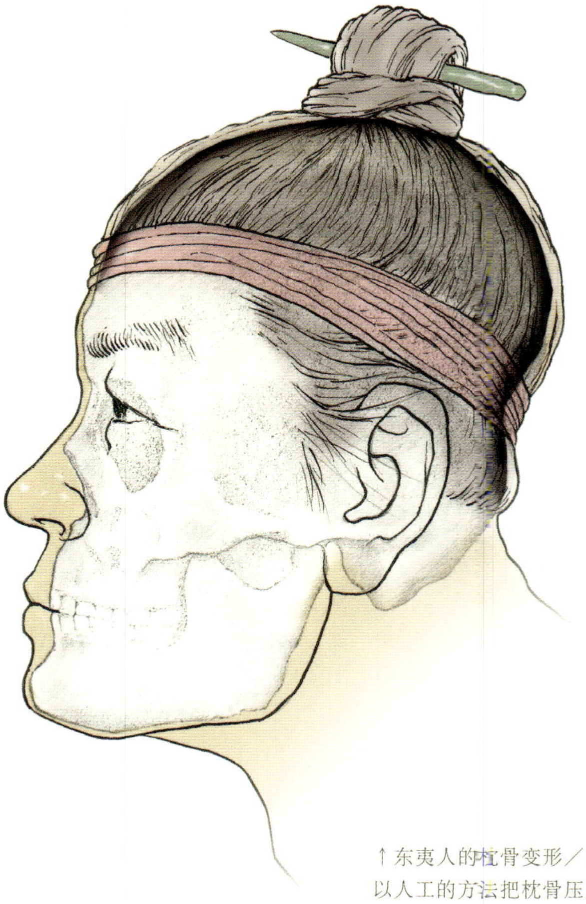

↑东夷人的枕骨变形／自小以人工的方法把枕骨压成凹陷是东夷人的习俗之一。（张孝光先生复原）

另一种认为，东夷与仰韶先民之间的体质差异并未超越同种系的水平，属蒙古人种东亚型；也有人表示他们与现代华南人比较接近。

从新石器时代考古成果看，在距今9000多年前到距今3000多年的早商时期，这一地区6000年间的文化形态是一脉相承的。

自有文字记载以来，人们就把居住在东方的人称为“夷”或“东夷”，近人蒙文通称其为海岱民族。人工的枕骨变形是东夷人特有的习俗。凿齿、口含石珠、身佩玄龟、手持獐牙、衣服左衽等，是古代文献上描述东夷人的形象特征。

史前时代，东夷是很强大的，经济文化都很发达，对周边各民族都有强烈的影响。其文化形态与中原华夏既有明显的区别，又有较多的交融。有时，东方对西方影响力强；有时，西方对东方的影响明显，这在两种文化互相接触交错的地带表现得尤为明显。东夷的北方则相对落后，一直接受渤海以南史前文化的影响，长山群岛、庙岛是当时渤海南北两岸交流的桥梁。东夷与南方淮河流域的先民有较密切的关系。■

↑新石器晚期，“东夷”的大汶口文化父系贵族家庭“全家福”／中坐者为家长，身份是大巫师，穿戴上集中了古籍中对东夷人的描述：披发文身，口含石珠，身佩玄龟，手执獐牙（器），衣左衽。他身后左侧提箭囊、持松了弦的木弓的是儿子；抱小孩、额饰小玉坠、脚穿木屐、前置大汶口典型陶瓶的是儿媳，不用说也必是贵族血统；后右侧是另一子一女。幼女未成年，故尚头盘双鬟；儿子是军事首领，勒额、矛柄均有彩羽为饰，腰间佩的是指挥军事行动用的陶号角。

←北辛文化的房屋复原剖视图（张孝光先生复原）／北辛文化是大汶口文化、山东龙山文化的源头。

东部

强劲的大汶口文化

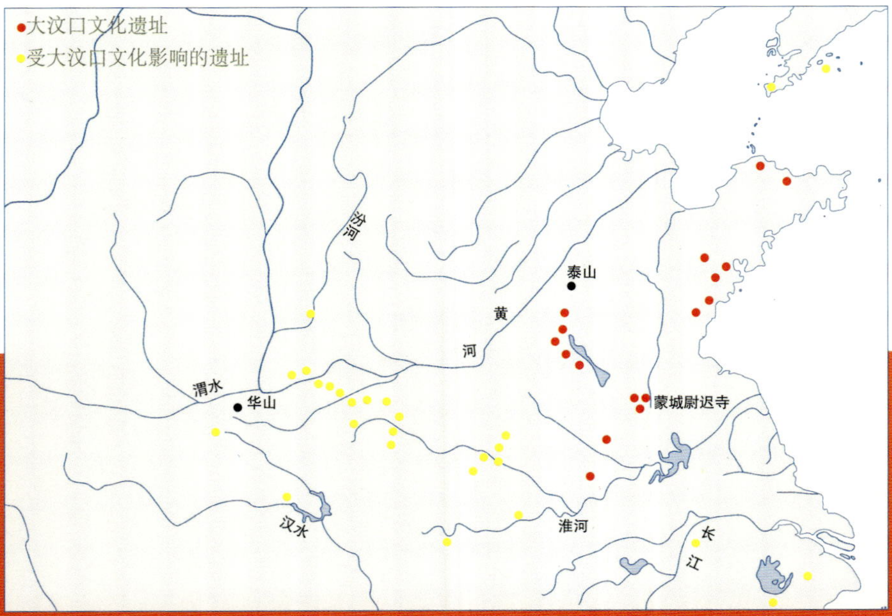

↑大汶口文化遗址分布图。

↑中国五岳之东岳泰山。

↑花瓣纹彩陶壶，大汶口文化早期具代表性的陶器，江苏邳县大墩子出土。

↗东部出土的一件罕见的神秘鸟形神器，通高60厘米，中部直径30、底径16厘米，是大汶口文化第一次发现的具有神圣意味并与祭祀有关的器物。

距今5000年前后，黄河下游冲积平原引来了东夷文化区中大汶口文化晚期社会一个拓土移民的高潮，导致大汶口文化分布范围的扩大。

大汶口文化不断与周边其他文化有或多或少的联系。所谓联系，固然包含了文化来往、物品交换，而更主要的，还是指集团间的冲突乃至战争。与大汶口文化联系最多的，当属仰韶文化。从出土的大汶口文化彩陶钵看，一些彩纹十分接近仰韶文化庙底沟类型的图案。前者明显受后者影响。而本属仰韶文化的遗址中，也发现富有大汶口文化特征的陶器，足见大汶口文化也在不断西进。大汶口中期与仰韶晚期同时，到了大汶口文化晚期，原属仰韶文化腹地之河南偃师等地，竟出现了器

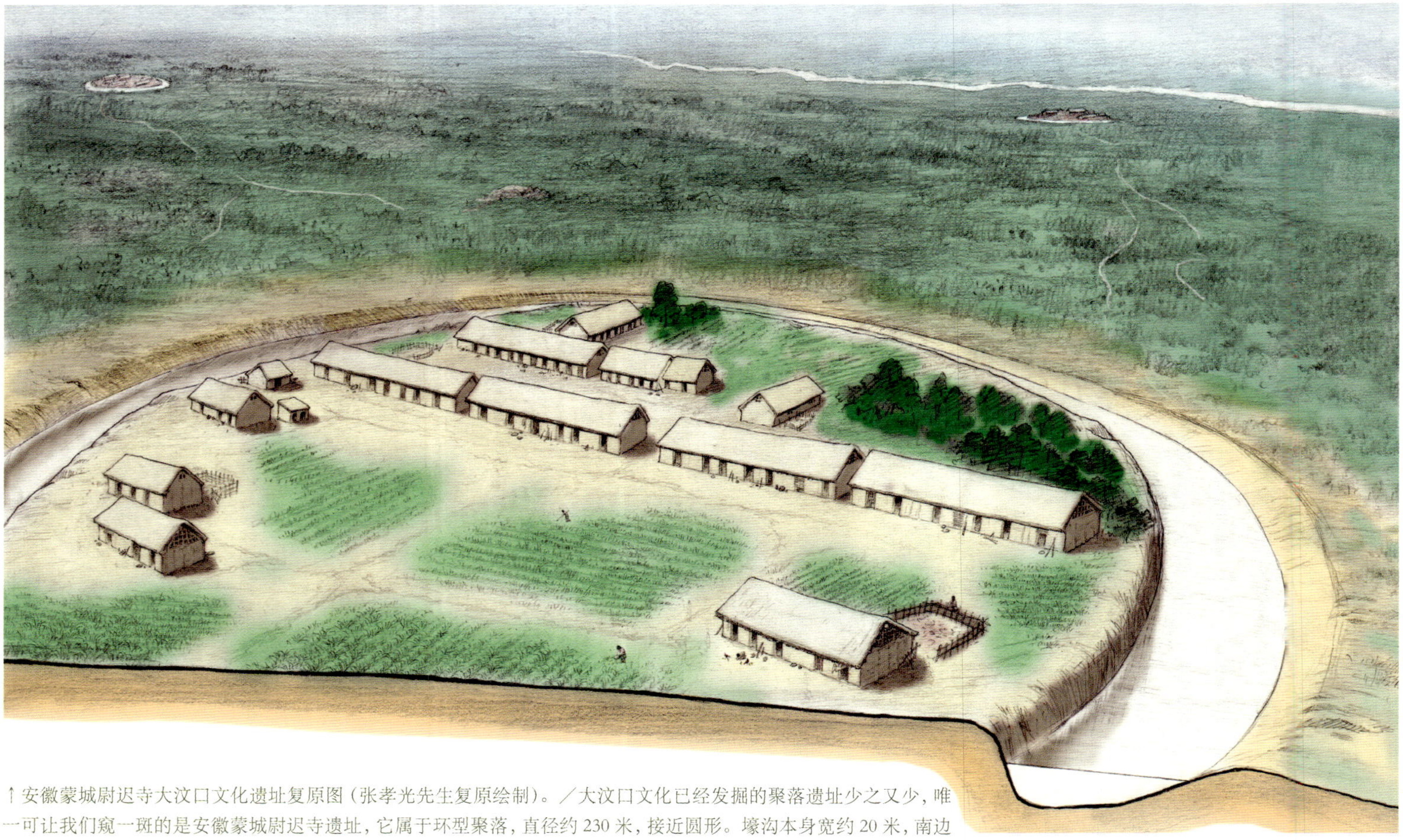
↑安徽蒙城尉迟寺大汶口文化遗址复原图（张孝光先生复原绘制）。／大汶口文化已经发掘的聚落遗址少之又少，唯一可让我们窥一斑的是安徽蒙城尉迟寺遗址，它属于环型聚落，直径约230米，接近圆形。壕沟本身宽约20米，南边不相接续，应是居民进出的通道，聚落中心有一达1300平方米的红烧土广场，系人工用红烧土粒铺垫夯实而成，中心偏北有一长期烧火的祭祀场所。四面都有排房，主体建筑在北边，一排两栋分别有六间和五间，坐北朝南。该聚落虽离大汶口文化的中心约500公里，但在文化上却保持了高度的一致性，像大口尊及刻符与中心出土的形制别无二致。（本图仅作局部复原）

←山东大汶口东夷族演兵场／龙山文化所在区域是战神蚩尤之乡。族人骁勇善战。图中挥舞石钺的武士，左手戴有石护臂。据民族学的考证，护臂在年幼时戴上，终生不脱，并自小接受严格的战斗训练，成年后即为半职业化的战士。石护臂也就成了武士最明显的表征。上古时期，演兵有时是为了悦神，是祭典中的仪式之一。

物组合十分接近大汶口文化的墓葬。这种渗透西进的影响甚至抵达陕西。东夷文化西进南下的强劲势态，实际已在某种程度上汇进了中原文化的主流。

大汶口文化与长江下游的同时期文化也互有影响，彼此之间的陶器和玉器都有相似之处。这说明几千年前的先人们，在根据自身传统创造独具特色的文化的同时，总在不断地交往周边其他文化，输出自身成果并吸收他人成果，犹如涓涓细流汇入大河，大河水涨小河满。文化现象未尝不是如此。■

↑白陶鬶，1959 年山东省泰安市大汶口遗址出土，水器或酒器，高 14.8 厘米。

↑红陶屋，江苏邳县大墩子出土。大汶口文化晚期墓葬中，已经出现了随葬品。各墓穴的随葬品多寡不同，说明当时已出现贫富分化，这件陶屋为私有财产的象征。

↑大汶口文化之玉璇玑，直径 6.4（上）、4.5 厘米（下）。

↑大汶口遗址出土长颈背水壶。

←大汶口遗址出土獐牙钩形器，可能是权杖。

→大汶口文化房屋复原剖视图（张孝光先生复原）／半地穴式，木骨泥墙结构（左），地面式，梁柱结构（右）。

战神与礼制之乡

↑穿孔石匕首，大汶口文化遗物，江苏邳县大墩子出土。

↑石矛尖与石匕首。

→东夷族武酋／"人身牛蹄，四目六首""耳鬓如剑戟，头有角""八肱八趾，手执五兵"。这些都是上古神话传说中对蚩尤的描述。图中武士，黥面文身，头戴牛角冠饰，挎箭囊，别玉钺，束皮护臂；口衔两箭，弓扣一箭，看来三箭将如流星相逐般接连射出。"兵主"蚩尤的真实历史形象，或许与之相近？

1928年，考古学家在山东章丘县龙山镇首次发现了以黑陶为特征的新石器时代晚期遗存，便命名为龙山文化。以后，同时代——这个"同时代"，其实是足以千年计——的遗址陆续在各地发现，使得"龙山文化"这一称谓过于笼统。现在已细分为：山东龙山文化（即典型龙山文化，简称龙山文化）、中原龙山文化（至少可分5个不同类型）、晋南陶寺文化、陕西客省庄二期文化、湖北石家河文化和江浙的良渚文化。距今5000～4000年这一历史时期就被称为龙山时代，即夏以前的最后一个史前时代。

所谓"东夷族"，只是上古史中极笼统的称谓，实际上，东夷包含了众多不同的氏族或部族集团。长期以来，各集团之间互相争斗，成就了东夷先民能征善战的习性。后来的首领蚩尤部落，为了争夺中原一地的霸权进行了艰苦卓绝的斗争，在中国神话与古史传说中，最脍炙人口的莫过于炎、黄二帝与蚩尤的"涿鹿之战"。而种种细节描述中，桀骜不驯的蚩尤形象所呈现的性格魅力，似乎要比炎、黄二帝强烈得多，致使东夷及长江中下游的苗蛮百越诸族，直到汉唐还是把蚩尤奉为战神，崇拜不已。

在距今4500年前后的龙山时代，东夷人的文化堪称鼎盛，私有制相当发达，城市群体甚具规模，长期走在当时东亚的前列。仅就出土器物的规模和精湛程度，已经可窥一斑。"礼制"，就是这一时期在东夷族群中孕育发展的，他们是以"鼎、豆、壶"组合成礼器和祭器的"始作俑者"。到了后世东周"礼崩乐坏"之时，中原王室只好"礼失求诸野"，这"野"便是指本来占礼乐之先声的东夷一脉。

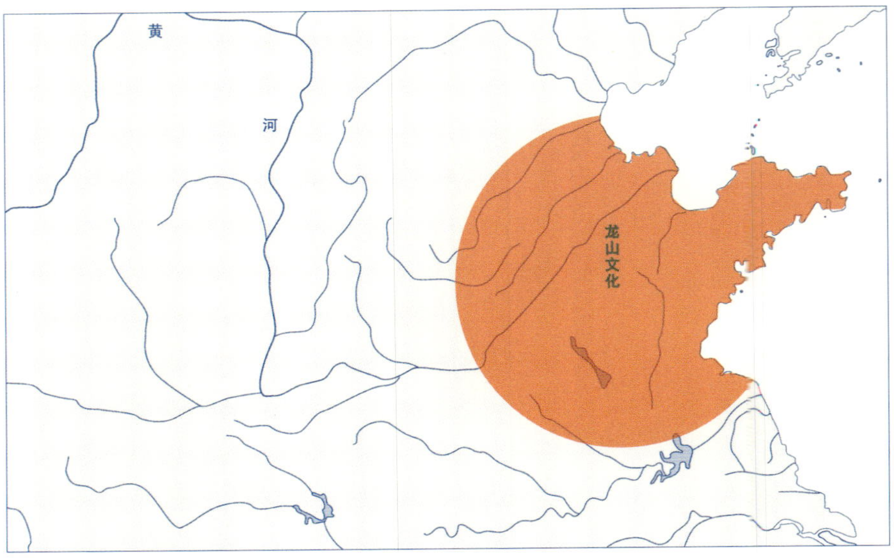

↑山东龙山文化位置示意图。

山东龙山文化以黑陶为特征，其制陶工艺曾达到古代顶峰，其中最引人注目的是蛋壳黑陶。这种陶器器壁一般只有0.5毫米，有的仅厚0.2～0.3毫米，造型规整，器表以素面磨光为主。这类精致的陶器与贵重玉器一样，多属礼器，并给周边地区其他文化以强烈影响。

此区的治玉工艺亦十分发达，且已进入成熟的专业化阶段。所出土的玉器，无不形制严谨、气度恢宏。

金属冶铸业是当时一门新兴的手工业。山东龙山文化的一些遗址中已发现有小件铜器。如三里河遗址出土的两件铜锥，经鉴定，是掺和了多种金属与矿物成分铸造的黄铜制品。■

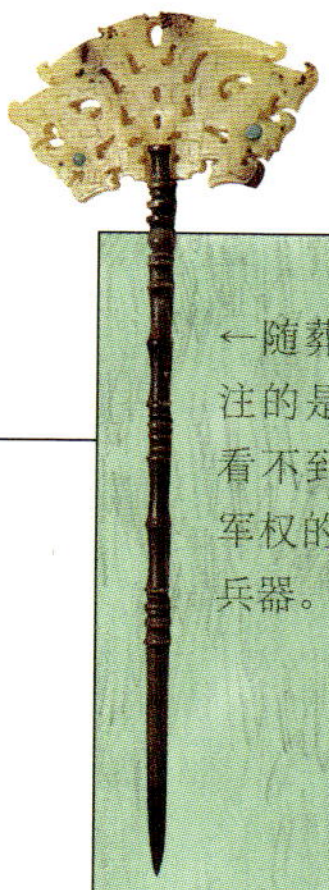

←随葬的玉簪。值得引起关注的是，此墓之随葬品中已看不到生产工具，而是象征军权的多件玉钺礼器和实用兵器。

←石镞。私有制出现后，部落之间的战争和掠夺不断升级。在原始社会晚期的古城遗址中大量出土石制的箭镞。
→双孔玉斧，长 12.5 厘米。

←陶鬶，高 33 厘米。
→鸟喙足形黑陶鼎，龙山文化类型文物，山东潍坊姚官庄出土。

↑山东临朐 M203 号龙山文化朱封大墓解构复原／这是一座重椁一棺大墓，墓主为成年人，男性，年龄已难辨认。木棺内壁发现有零星红色彩绘痕迹；随葬玉钺三柄、玉环一件、绿松石管珠五件、松绿石片 95 件；内椁盖上，置石镞及骨镞羽箭数束；棺与内椁之间、内椁与外椁之间，放置精美陶器 50 件，其中鼎、壶、豆等明显是礼器，并发现有盛放陶器用的红黑灰白四色彩绘木器痕迹。推测墓主人当为战功显赫的军事首领。（张孝光先生复原绘制）

↑滕州里庄遗址出土的玉璇玑／有论者认为是古代观测天文用的仪器。

↑四孔玉刀，长 23.5 厘米。

↗山东淄博田旺遗址出土的双耳带盖大陶甗。

东南部 …………

辉煌发达的鱼米之乡

↑浙江省余杭市出土有肩石铲，新石器时代工具。铲面分为上、下两部分，下半部宽平，上部可手持或装柄。

↑普遍发现于东南沿海地区的有段石锛。

↑河姆渡遗址出土的玉玦，是我国迄今发现的最早以透闪石琢制成的玉器。

长江的波涛与黄河一般，悠悠深远，波澜壮阔；而相比黄河的浑厚沉雄，却有另一派开扬奔放、瑰丽奥博的风采。

长江流域气候温暖，雨量充沛，河湖水网密布，植被发达，很早便发轫了农业，是我国古代文献上所称的“百越”先民的主要活动区域。

普遍发现于东南沿海地区的有段石锛和带肩石器，是具有浓厚地方性特征的文化遗物，其延续年代之长久和流布范围之广阔，为其他文化因素所不及。有段石锛和带肩石器不仅构成中国东南地区原始文化的主要特质，而且也成为整个西太平洋地区原始文化演进脉络的标示。

有段石锛和带肩石器的使用地域，尽管在一定范围内交叉重合，但是各自都有明确的起源中心和流传脉络。有段石锛在长江下游地区发源，随后循东路南下，进入南

↑ 浙江余杭卞家山良渚文化陶质房屋模型。

←人首陶瓶，上海市青浦县崧泽遗址出土。这件陶瓶上塑人首，线条流畅，堪称崧泽文化代表器物之一。

↖灰陶豆。
↑↑抛光多彩尊。
↑崧泽遗址纽索纹陶罐。

太平洋岛屿。带肩石器在珠江三角洲发源后，则主要循西路南下，进入印度支那半岛、马来半岛及南亚各地。

显然，中国东南地区的原始文化，曾经对东南亚地区和太平洋诸岛屿产生过深远影响，这种影响也具明显的地域特征。

反过来，上述地区至今尚处于原初状态的部落中，几乎完全可以分辨出古老的长江文明史影；这些部落从血缘到文化模式，都不同程度地保留着百越先民的昔日遗风。

生活在雨林中与水泽边的远古先民，他们能更多、更易地承领自然界的惠赐。人与自然的关系，长期维系着相当稳定的协和性。于是，在宗教观念方面就表现为更强烈的自然神崇拜倾向，创造出令今日人们为之目眩的巫鬼文化。

尽管，后来踞统治地位的儒家礼乐文化，长期都将南方的巫鬼文化贬斥为“淫祀”、“邪异”，而实际上，南方的巫鬼文化在古代一直都给整个中华文化提供着最具生命力的养分——一部《山海经》、一部《楚辞》，其中《天问》篇内就深深渗透着浓烈的南方巫鬼文化的遗韵。■

↓距今六七千年前杭州南部姚江两岸的自然景观／那时，这里属亚热带常绿阔叶林区，年平均温度在15~20℃，气候温暖潮湿，草木丛生。图中，右下方的男子正在腰间系上“葫芦舟”，准备下湖捕鱼，身侧竖插着的，是带牵绳的鱼镖。右尽头处的独木舟上，有渔人张弓下射，那是另一种猎鱼方式。独木舟与竹排，是这一区先民们常用的水上交通工具。据考证，他们已驯养了鱼鹰协助捕鱼。先民们除捕鱼狩猎外，还采食多种野果。对岸有两头大象正悠然戏水。那时，巨型的野兽并不怕人。（本图依据科学出版社1982年出版的《地质时期中国各主要地区植物景观》所提供的资料重绘）

河姆渡——水泽边的古村落

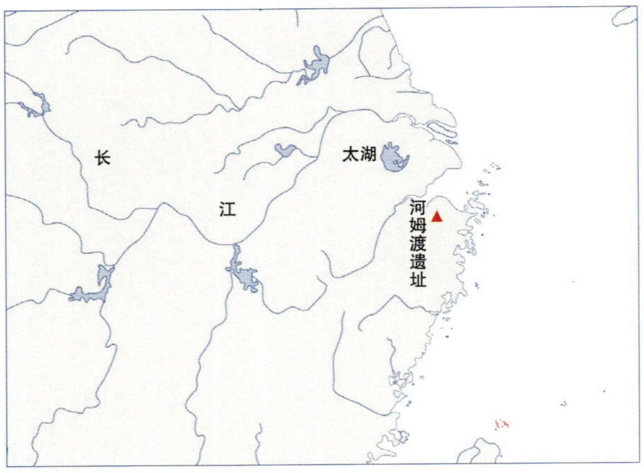

↑河姆渡遗址出土的陶猪头。

←河姆渡遗址位置示意图。

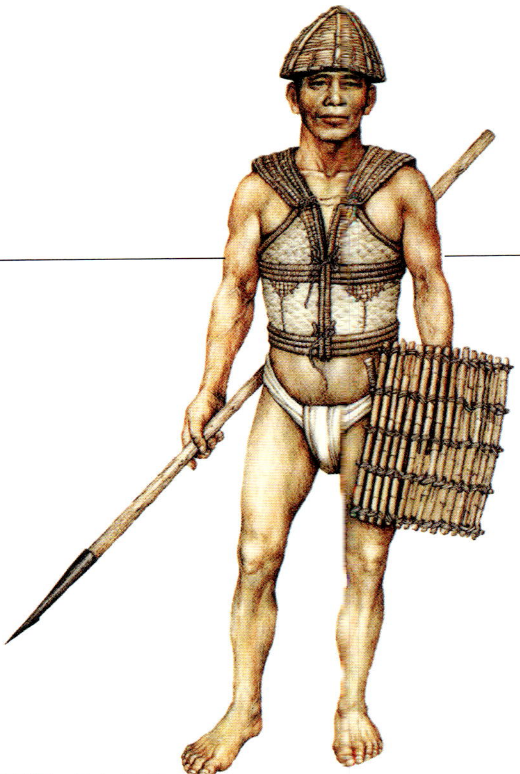
↑今人复原的台湾排湾人武士，其祖先可能就是河姆渡人。

河姆渡遗址，是迄今所发现的东南部农业聚落遗址中保存得最完整的一个。考古断代为距今7000～5300年。

长江流域及以南，以前一直被中土人士描绘为蛮荒莽野之域、教化未开之区。而其实，它与黄河流域的仰韶文化一般，其文化发展，已经如“杂花生树”、五彩缤纷了。

河姆渡遗址位于杭州湾南岸的河谷平原上，西南部临近姚江，东面和北面为平原。茂密的丛林里，有大象、老虎、鹿、红面猴、灵猫、豪猪、穿山甲等大小野兽出没。水面有种类繁多的水禽，水下有数不尽的龟鳖鱼虾。

河姆渡先民以农耕为生，兼营渔猎和采集。考古发掘发现，遗址中堆积有稻谷皮壳和炭化稻米等，换算成新鲜稻谷可达10万千克以上。从河姆渡发现的鲸、鲨等海生动物骨骸分析，至迟在距今7000年时，他们已能借助于原始的水上交通工具从事海洋捕捞，从而为河姆渡文化晚期迁居舟山群岛准备了条件。

河姆渡人的居住区，是以小山包为中心，在山包东西和北边有若干幢干栏建筑，依次平行并排，环山布置。建筑为西北—东南走向。门向东南或南开，具有通风、采光、取暖和防寒等好处。

尽管河姆渡人有优越的生存环境，过着比较宽裕的生活，但该地却地势低洼，台风和暴雨导致的洪涝灾害极严重。在距今6000～5000年间，由于海侵等原因，曾发生两次相当大的洪涝灾害，村落一再被毁；姚江改道东流后，阻断了先民上山采集狩猎的通道；海水溯江而上，一再侵浸耕地，使先民赖以为生的水稻连年减产，终至颗粒无收。故有论者推测，这一而再的生态环境变坏，使这山泽边的古村落终被废弃。

河姆渡人有一些蒙古人种的征状，也有一些类似现代赤道人种的征状。据我国一项新的DNA研究成果表明，海南黎族人和台湾阿美、太雅、布农、排湾人有着共同的祖先——那就是7000多年前发源于浙江的河姆渡人。

从出土的遗物可以发现，河姆渡人是鸟崇拜的族群。也许，是候鸟的迁徙，从来都不失时机地引领着他们的耕序农时，于是感念之意、崇敬之心油然而生罢？

↑浙江余姚田螺山河姆渡文化独木梯。

→河姆渡文化古村落复原图/图中这种干栏式木房子，可谓开启了中国木构建筑榫接技术的先河，是后世令人叹为观止的斗拱梁柱“榫法式”的源头。远处，水稻田中央的圆井亭下，是方形木构水井。（此图为张孝光先生复原绘制）

↑河姆渡先民“全家福”／这是一个具密切血缘关系的渔农兼营的生产集体。那时，家庭还没出现。从陶器上的渔网纹饰及出土的石网坠看，当时的渔网与近代已无多大差别，唯一的差别是网线的质料——那时编网用的网线，有一部分很可能是细藤。居中青年发髻上别着角质匕首，是下水渔人必备的工具与防身武器。那时，杭州湾一带尚有鲨、鳄等凶猛的水兽出没。右边男子手中的木耜，是流行于东南沿海地区的形制，适应于水田的耜作。

↑↑木质的箭镞／是东南部“竹木文化”最具代表特征的物品。

↑鸟形匕，1977 年浙江省余姚市河姆渡出土，这是中国最早的牙雕艺术品之一。

↑浙江余姚田螺山河姆渡文化刻纹木板。

↑田螺山河姆渡文化木蝶形器。

↑田螺山河姆渡文化双鸟木雕。

→木桨，浙江省余姚市河姆渡遗址出土。说明舟船已成为长江下游地区的重要交通工具。

←木刻“蝶形器”／由于其外形似蝴蝶双翅展舞而被冠以此名。实际上，形同蝶形的两翼处刻的是两个鸟头，有眼、有喙、一个身躯，可名“连理鸟”。原报告称“双头凤纹”。两个鸟头作相背状，身体用重圈纹加芒刺纹、星形纹表示，是象征天象的发光体。有一件象牙雕刻的蝶形图案，被称为“双凤朝阳纹”，中心圆面周边刻画火焰纹，以示太阳是一团熊熊之火，太阳纹的两侧伸出两个鸟头，长喙弯勾，作相向回首状，是 7000 年前的艺术珍品，有学者认为，这是河姆渡文化先民的图腾。

良渚文明消亡之谜

↑良渚文化瑶山遗址。

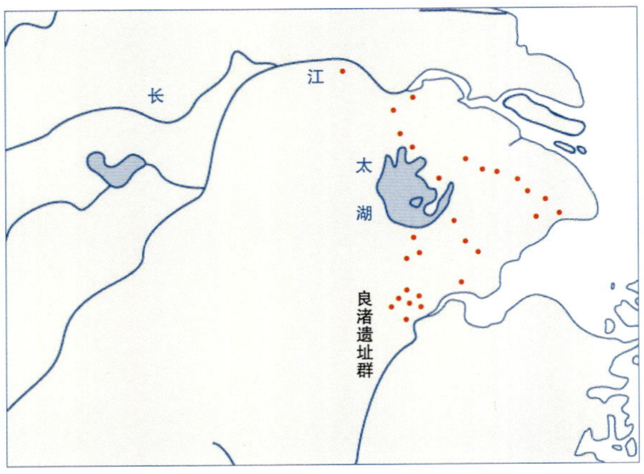

↑良渚文化遗址分布示意图。

世界史上，并不乏整个灿烂的文明突然消亡湮灭的遗憾：如传说中的阿特兰蒂斯文明和巴比伦文明、玛雅文明……

中华文明有幸秉具坚韧的连续性，整体上留下了清晰的历史轨迹，但亦不能避免局部性的文明消亡。良渚文化这一中华文明的先行者，就遭受到这种厄运。

距今6000多年，江南太湖地区的新石器文化已经相当发达，至距今5000～4000年，则进入其黄金时代，这就是良渚文化。整个文化圈以太湖流域为中心，东濒东海，南达钱塘，西临太湖，北过长江，是长江流域及以南一整片异彩纷呈的原始文化之巅峰。良渚文化是以稻作为主的原始农业文化。其石器磨制精致，创造出一些过去各文化都没有的农具：如“犁形器”、三角形“破土器”和“耘田器”；玉器制作、丝麻纺织、竹编、制陶等手工业都相当发达精良，且明显呈专业化规模。

良渚文化的大型祭祀遗址或墓地，多为人工堆筑的高土台，被称为“高台土冢”，后世民间称“山”或“堆”。瑶山和汇观山的祭坛分别建于山顶，可能用于祭天。祭坛呈多重土色，和后世对“五色土”的崇拜相似，故而也不能排除设以祭地。

良渚文化不止一个中心，上海的福泉山、江苏的赵陵山和武进寺墩等处，都有人工筑造的高土台，周围往往集聚许多较小的遗址，都各自构成一个中心，但规模规格不如良渚遗址群。上海的福泉山及江苏的赵陵山

←良渚古城图。

↑↑石破土器。

↑石耘田器。

↓象耕图／良渚文化的犁，以及“耘田器”、“破土器”的具体使用方法，迄今未有定论。据考证，最早被驯化的牛，出现在距今4000年之前，至于以牛拉犁耕地始于何时，亦未有定论，而有关史前的文献上却多有“象耕”之说。此图则依后说摹想绘出。

／良渚古国或方国的王者／头戴羽冠，三叉玉冠饰上再饰以玉锥，身披象征神人的羽衣，胸前垂挂玉串饰与玉神徽，手持象征权力的玉钺，当是集政权、神权、军权于一身之王者形象。

↑玉钺王（反山出土）。

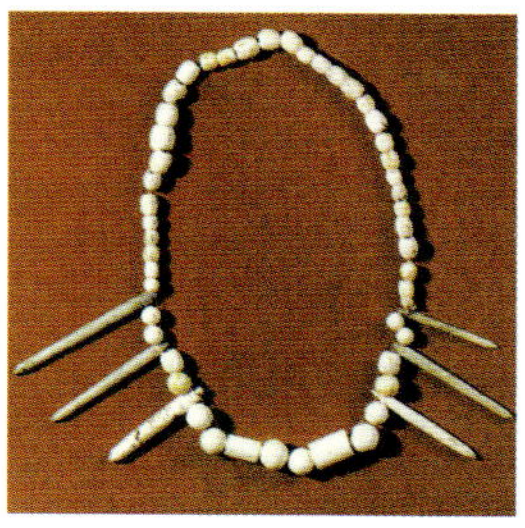

↑玉串饰（福泉山出土）。

↑玉山叉形器正面（星桥出土）。

↑玉钺王神徽特写。

←出土的良渚文化木屐。

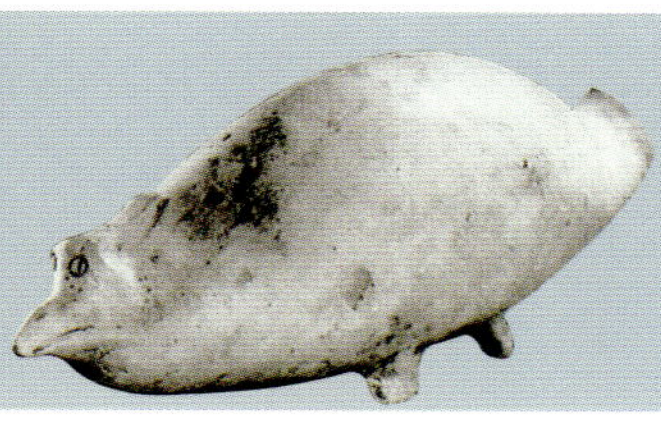

↑良渚文化海豚形陶壶。

↑良渚文化陶皿。

墓葬都有以活人殉葬的现象。

良渚文化遥遥领先于同期的中国诸原始文化，有许多杰出贡献。

礼仪制度有可能在良渚首先建立；文字可能开始萌芽；贫富差别已很明显；已出现城市。后来，在良渚文化衰落的同时，浙南山地出现了承袭其风格的大墓，广东石峡则发现了良渚式玉琮，似有良渚文化向南强烈渗化的迹象。另外，甘青高原、四川盆地、晋南以至日本一些地方，都能发现具良渚文化因素的器物……在孕育这一灿烂文化的本土，后起的吴越文化在特征上却与良渚文化并不搭界。良渚文化并没有直接、甚至也没间接发展出吴越古国文化，她于吴越古国出现之前在历史的进程中戛然而止。有人认为，良渚文化虽属东亚大陆文明的先行者，但它过分执迷于宗教，过度耗费了社会财富，非生产性的劳动支出大得惊人……是良渚文化断灭的原因；又有人认为，在西北及中原的华夏诸部联盟，与南方文明的联盟之间发生过多次大战，南方的战败使良渚文化受到毁灭性打击，良渚人被迫分散迁徙；最近有人认为是大洪水造成了良渚文化的衰退和灭亡——其根据是，距今4000年前后的约一二百年间，其年平均温度比良渚文化繁荣时异常下降了5℃左右；而且据太湖流域考古发掘，良渚文化的遗址上覆盖着一层厚0.3～1.5米的淤泥层——是洪水还是海啸？

反正，那灾难似是突如其来，且后来又旷日持久，给后世遗留下了千古一叹及诸般迷思。■

↑浙江平湖庄桥坟良渚文化墓葬殉狗场面。

东南部 …………

百越文化，美玉为彰

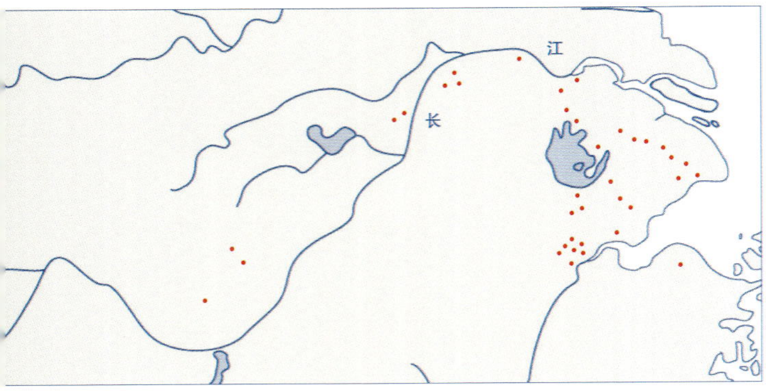

↑史前良渚文化玉器出土遗址分布示意图。

→《山海经》中所绘的鸟喙神人像，鸟是东南沿海先民崇拜的形象。

面对饰以羽人神兽、琢工精绝却无以名之的奇形玉器，历代收藏家都甚为困惑，辨不清它出自何代、有何用途。清乾隆皇帝对古玉的癖好堪列历代帝皇之首，并具有很到家的鉴赏能力，却将许多良渚文化玉器，误判为周汉之物。而皇帝的金口玉言，则使此误判长期被视为定论。清末民国之时，杭州良渚不少农民冬闲时挖玉贩玉几成副业。直到 1973 年，考古工作者发掘出良渚文化大墓，才真正找到了这些神秘玉器的历史坐标。

玉文化在南方有本身的传统，安徽凌家滩遗址就发现了距今 5000 多年的大量玉器以及琢玉的打孔工具——极细的石钻头。广东石峡文化的玉器，则明显带出良渚文化的余韵……

良渚文化玉器出土数量大、制作规范、工艺精绝。初步判断，有的是仪仗器和权杖器，有的是佩饰、丧葬用玉，都带有原始崇拜的神秘意义，尤其是玉器的形制、纹饰奇特诡异，无疑深蕴着丰富的内涵，可惜至今尚未能全然确切解读。

良渚文化玉器多用透闪石或阳起石作玉材。本来，这种玉材的硬度高于钢。但良渚琢玉大师攻治如此高硬度的玉材却显得“游刃有余”。例如良渚文化大多数的玉琮，中孔对穿误差不超过 1 毫米，玉琮每节高度误差更小；器体表面阴刻的线条流畅舒展，而又细于发丝，线粗只有 0.1～0.2 毫米。是什么样的工具才能镌刻得如此准确精微？这一直牵动着现代工艺家及研究者的猜测，有的猜用鲨鱼齿，有的猜用黑曜石刀……但始终没有确切的答案。

玉器是良渚文化的祭司们享有的特殊随葬品。考古发现，随葬品中有些玉已经烧裂，尸骨上也有火烤过的痕迹。据研究推定，是下葬前在墓穴底部铺一层玉器，而墓主头前脚后位置上也放置玉器，然后引火焚烧，意在净化墓穴；待火欲灭未灭时，方把尸体置于墓穴内。进而在死者周围再放置玉琮，在脚后放陶器、玉器，在尸体上再覆以各式各样的玉器，最后以土掩埋。后世称为“玉殓葬”。

葬玉是中国古代文化的特点之一。

良渚文化玉器，尽管至今我们还不能完全参透其神秘古奥的涵义，但仅凭其表面所呈现的艺术震慑力，我们也可感受到一股自远古传来的沛然气息，令人眼前浮现出盛大的祭祀典礼：潮水般涌动的虔诚信众，旌幡如沸、燎火熊熊；还有如梦如幻的巫觋之舞、回荡空际的祭司祷咒、状若天神的羽人、睥睨万众的王者……

人类以石头构筑了自己初始的文明，并以石头标记自己的文明史、塑造自己的文明“纪念碑”。古埃及是金字塔、古希腊是神殿、古巴比伦是空中花园……均把文明的意匠委以巨石；而东方的中国，却把厚重宏大的历史意匠，凝聚于美玉的方寸之间。■

↑浙江桐庐方家洲出土的、加工玉器的工具——辘轳承轴器。

↑江苏武进寺墩 3 号良渚文化大墓，是一个典型的“玉殓葬”遗址。墓主是年约 20 岁的大祭司。有研究谓，由于玉殓葬之玉器均经火烤过，故良渚文化出土玉器多呈所谓的“鸡骨白”质地。

→玉殓葬摹想图。

←良渚文化的祭仪与祭师／据一些论者推测，所谓“地天通”的一个主要程序，是把玉璧两孔相对地置于粗端朝上的玉琮上，象征圆的天、方的地两相接通。良渚文化诸大墓中，其一葬有一位身份显赫的大祭师，年龄才在二十五六岁之间。图中祭师的装束，以良渚文化玉器上多番出现的“羽人”为基础而构想。祭坛前神幡上的徽记（图腾），原刻在赵陵山遗址出土的一块陶盖上，而陶盖是供墓主下葬时遮脸用的。此图形也许是后世太极图的祖型之一；也有论者认为，它显示的不是简单的象数思维，而是包含着复杂的逻辑构造，在逻辑构造上要胜过太极图，可媲美于古希腊逻辑方式与感觉方式于一体的“逻各斯”（Logos，一种哲理形态），并称之为“源极图”。

→玉琮，寺墩良渚文化遗址出土。玉琮形状内圆外方，中有一上下贯通的大孔，可能是贯通天地的法器。

↑人面纹玉琮，草鞋山良渚文化遗址出土。

↑兽面纹玉琮，南京博物院藏。

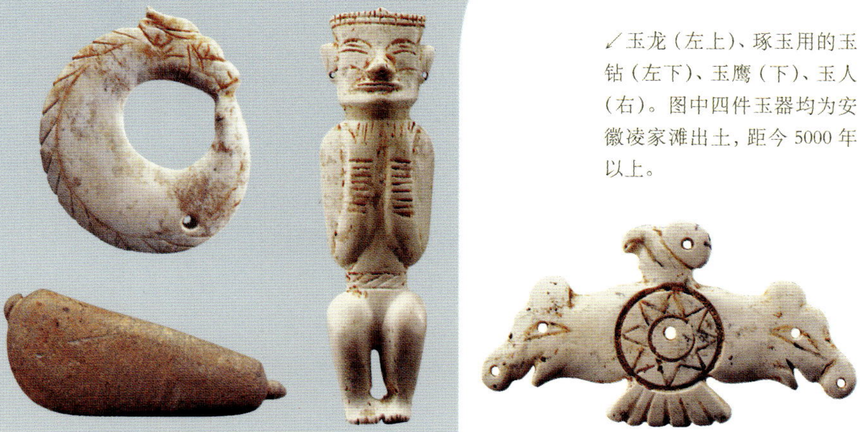

↙玉龙（左上）、琢玉用的玉钻（左下）、玉鹰（下）、玉人（右）。图中四件玉器均为安徽凌家滩出土，距今 5000 年以上。

↑玉鸟，余杭市良渚遗址出土。

↑山叉形器，余杭市良渚遗址出土。

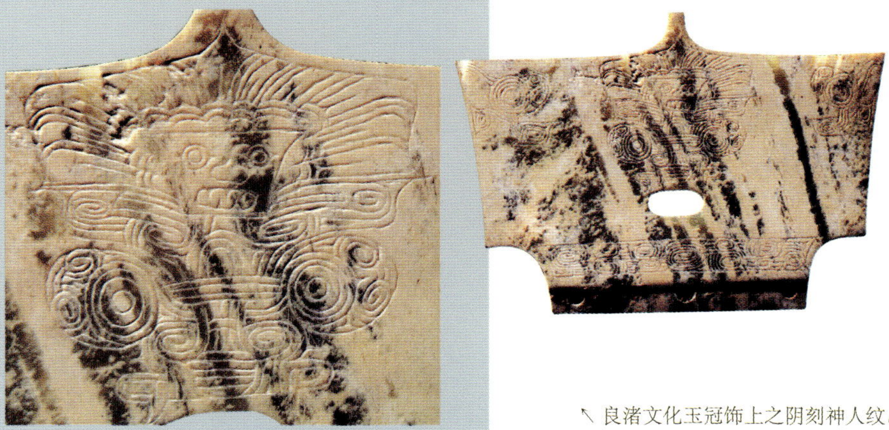

↖良渚文化玉冠饰上之阴刻神人纹。

↑柱形器，余杭市良渚遗址出土，外壁为神人兽面像。

苗蛮之地实非不文之邦

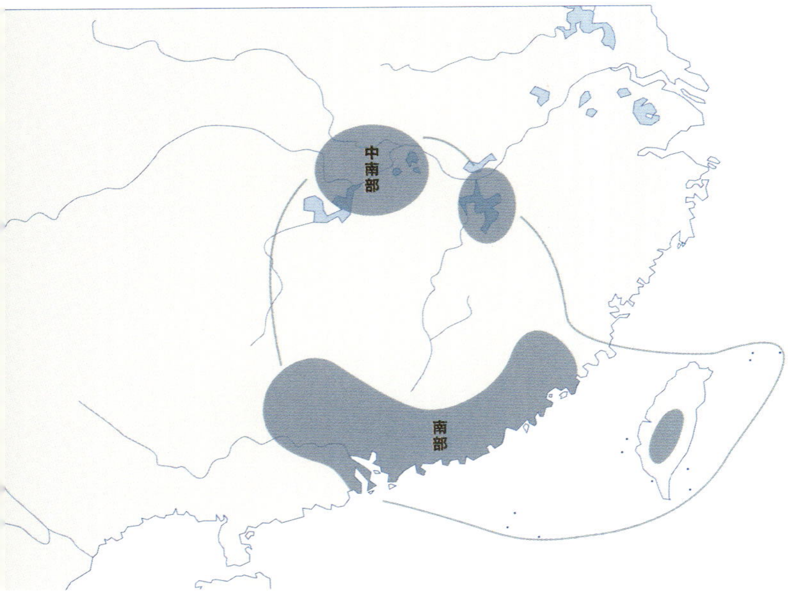

→南方苗蛮的女巫／巫在早期全由女性担任。那时还没有文字，所有神意、先祖遗训、部族历史以及生产乃至医药生殖知识，都“内存”于巫的记忆中，并依靠她们向适当的人选口头传授。她们是知识分子的祖型。女巫师手中的木刻面具，是跳神通灵时所用。

据民族学家调查，巫在通神前多有吸服大麻一类草本精神科药物作“热身”，借以提升精神的敏锐度而更易于与神“合体”。

←屈家岭文化青龙泉遗址房屋复原图。

古史传说称长江中游的南方先民为“三苗”，又称“苗民”、“荆蛮”、“苗蛮”，似乎在进化上落后于中土先民。其实，从体质人类学来看，处于江汉平原与中原仰韶文化的两地先民，都同属蒙古人南亚种群，只是由于长期受到中原礼乐文化意识的负面渲染，以致向来给人野蛮落后的印象。实际上，苗蛮文化在史前已经非常发达，最瞩目的特征与百越文化一样，都是“好巫鬼之风”。而巫鬼文化对后世的影响可谓巨大深远，后来异彩纷呈的《楚辞》，就是巫鬼文化在文学上的结晶。

在苗蛮文化的考古发掘上，长江中游湖南地区的玉蟾岩、彭头山和八十垱遗址的发现最为重要，其年代距今9000～7000年。所出土的2万多粒稻谷和大米，经鉴定是一种兼有籼、粳、野稻特征的正在分化的古栽培稻，是我国、也是世界上已知最为古老的稻谷实物遗存，对于探索稻作的起源，有了不起的意义，也可见其植物栽培技术遥遥领先于其他文化。

距今7000年前后，长江中游地区的气候变得极为潮湿多雨，低地平原被大面积的湖泊侵浸，出现了星罗棋布的沼泽和小湖群，人类的生存环境变坏。此时，先民们只得向西面的三峡地区及重庆另寻发展。

距今5000年左右，该区江湖水面随海退而低落，沼泽大面积退缩，露出大片大片的肥沃土地，江汉平原随之呈现出一种史前文化勃发兴盛的景象。

勃发兴盛的中心，出现在当今湖北中南部的屈家岭。屈家岭文化一经崛起，就向北扩展，进入了豫南，还积极影响豫中地区。使得远在今郑州一带的地区也出现了屈家岭文化的因素。

这一地区的发展，也曾长期走在各考古学文化的前列：发达的农业和先进的制陶业、高超的琢玉工艺、隔墙分间的较大住房、具相当规模的多座城池……这一切，都足以表明他们向更高文明迈进的阔大步幅，岂是蛮荒二字可以鄙薄之？

↑湖北天门龙嘴出土的彩陶碗。

→城头山大溪文化古城，距今6000多年，是我国已发现的最早的古城。在屈家岭文化时期又有增高和扩建，面积达8万平方米。图为古城遗址的鸟瞰照片，可清楚看到古城近圆形的大略布局。

↑亚热带雨林中的苗蛮部落成员“大合照”。
这当是一个母系氏族的部分成员，抱孩子的母亲是部落的酋领。他们身后，是这一文化区的典型居所——干栏式船形屋。这种房子，现今南海诸岛及横断山脉南下直至泰缅高原的一些村落中尚可见到。
古籍中，通常对苗蛮的描述是“断发文身”、“不火食”。似乎向来蛮昧，其实，据新近的考古发掘发现，早在1万年前，珠江流域的北江地区就已经有了栽培稻；至晚于9000年前，苗蛮各族就普遍掌握了栽培稻技术，之后还驯养了水牛及猪、狗、鸡等家畜。且由于自然环境优越，生活要比中原及西北地区来得丰足，思维也相对地自由奔放一些。后世奇诡瑰丽的荆楚文化，就源于此间的“巫鬼之风”。

←大溪文化石雕人面像（左）。
大溪文化石雕人像（右）。

↑河南省淅川县黄楝树遗址出土的黑陶高柄杯（左）。湖北省天门市邓家湾遗址出土的异型陶器，用途不明（右）。

→距今5000年左右，江汉平原与洞庭湖地区的制陶业已具专业化与规模化。图中再现了当时湖北屈家岭制陶作坊陶器焙烧前的各个工艺程序。（根据张孝光先生的复原再绘制）

夭折的石家河文明

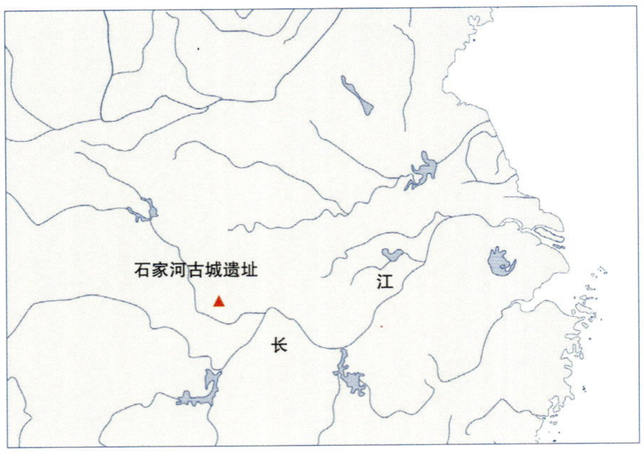

↑石家河上古时期的苗蛮武士／武士根据石家河遗址出土陶罐上所刻的形象推想。武士左手中藤框蒙牛皮箭盾上所烙纹饰，可能是石家河苗蛮部族所共同崇拜的“兵主”蚩尤形象之一。头戴的小圆帽、足蹬的短靴，皆以草编制，其型格，尚可在近代南洋一带的土著中见到。现今中国戏台上武将的雉鸡尾，就是源于上古时代的这种头上的羽饰。

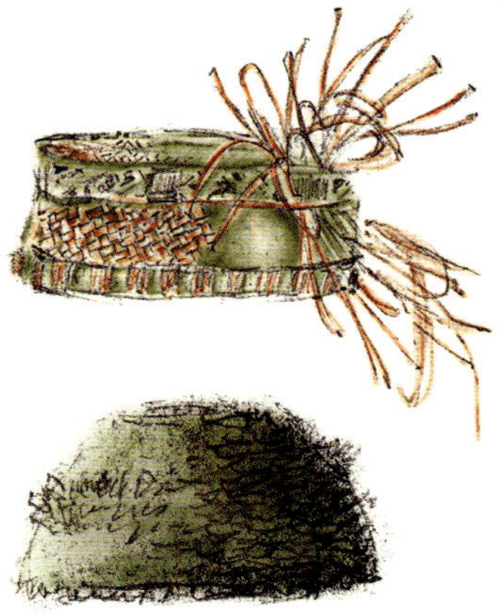

↑湖北天门石家河出土新石器时代玉器。也许是荆蛮所崇拜的神人形象。

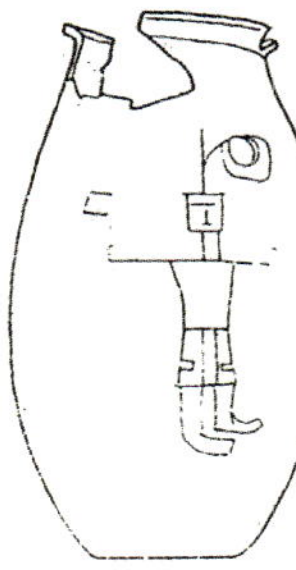

→石家河遗址出土的陶罐及其上所刻的武士线描图。

长江中游的三苗土著原始文化，始于距今约9000年前，而延至5000多年前的屈家岭文化时已有长足的发展；至距今4500年前后，它突然向四面扩张，这个时期的文化，考古学上称为石家河文化。该文化承接着屈家岭文化向前推进而盛极一时，形成了以石家河古城为中心的、层次分明的苗蛮聚落体系。

位于今湖北天门市附近的石家河遗址群达8平方公里，有遗址40多处。城内文化遗物堆积丰厚、连续，说明这儿曾经是一个发达的文明古国。石家河古城约建于距今4500年前后，是中国现知的史前较大城池之一。

石家河文化对外与中原形成了南北抗衡的局面，激烈的冲突旷日持久，给中原文化留下了极为深刻的历史记忆，故被后世的主流意识视作东夷蚩尤一般的凶神，是邪恶的象征。中国古史传说的五帝中之尧舜禹，都有征伐苗蛮的故事。但苗蛮集团却是百战不殆，始终桀骜不驯。

到了距今4000年前后，这一地区发生了重大的气候波动，出现了大范围的洪害。中原文化乘机挥师南下。在天灾人祸的双重猛击之下，石家河文化就此彻底瓦解，土著原始文化的发展脉络被阻断，逐渐在南方历史舞台上萎缩。实际上，一些三苗的集群则向更南方或西南迁徙，也由此压迫别的族群渐次向更南或更西南另拓新土。

长江中游的文化与中原文化，在古代那漫长的历史时期呈现出一种互为进退的势态。而这种势态，则大多与气候、冷暖变化有一定关联。也就是说，中原文化南压之际，总是在气候相对寒冷之期；而每每到了大暖期气候降临，则是长江中游文化昂然北上之机。

在古史传说的英雄人物中，与苗蛮关系最深的是祝融氏。祝融氏原属于东夷部族，本居东方，后来西进而后南下。传说祝融是天神，掌管火，为颛顼之后，佐炎帝治理南方，曾奉命杀治水的大禹之父鲧。祝融后裔有八姓，南迁成为日后楚国王室之祖先，是楚文化的一个重要源头。■

↑孙家岗遗址出土的透雕凤形玉佩。

↑玉环兽，湖北天门石家河出土的新石器时代玉器。

↑肖家屋脊遗址出土的玉蝉。

↑石家河古城复原图（张孝光先生复原绘制）／石家河古城，城内面积1平方公里，平面略呈不规整的长方形，南北1000多米、东西近1000米。单城垣就至少用了100万立方米土，需1000人干数年。现存西城垣约950米，底宽约50米，高5～6米，顶宽5～6米到10余米，原生黏土，一层一层筑成，相当致密，并呈现出颜色差，邻近层对比鲜明，每层厚薄不一，以10余厘米为多见。壕沟宽6～8米，现仍蓄水。居住区位于城中心，一般为分成数间的长屋，墙壁用土坯砌成或夯筑。有的墙壁厚达1米，并有大型柱洞遗存，应为特殊用途的大型建筑。

↑石家河古城出土的三袋足陶盉。

↑玉兽面，湖北天门石家河出土的新石器时代玉饰。

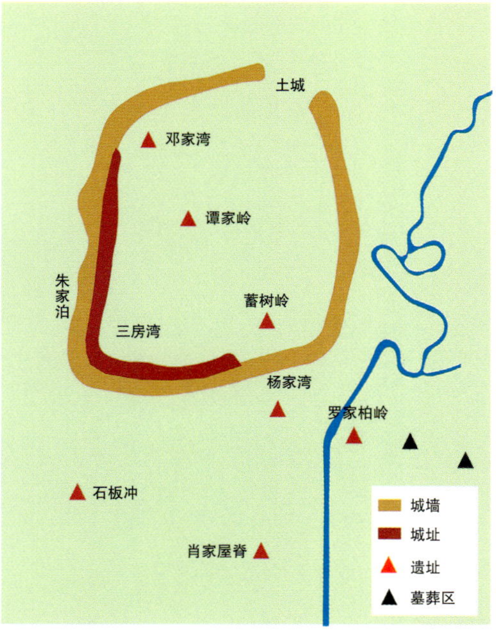

↑石家河古城遗址平面图示。

→石家河古城遗址出土的陶人：造型有站立和跪坐两种姿态，以跪坐居多。一般高约10厘米，人面部特征清晰，头戴浅圆帽，颈修长；身穿长袍，腰肢纤细，两手笼袖置于身前，正面双膝跪坐，手抱大鱼，总是右手压头、左手托尾，有个别似蹲踞或呈摆手臂状。神态庄重而虔诚，似在进行某种仪式。

南海之滨的先民足迹

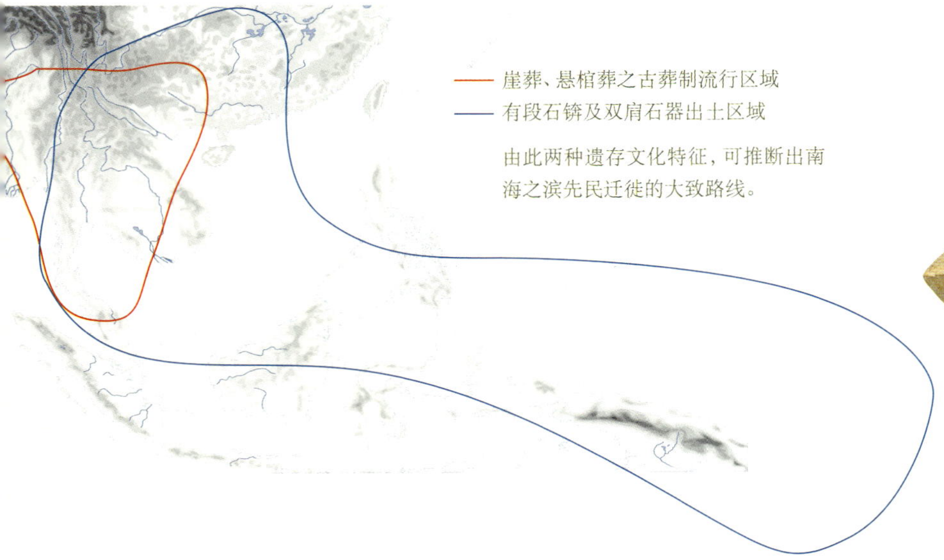

崖葬、悬棺葬之古葬制流行区域
有段石锛及双肩石器出土区域
由此两种遗存文化特征，可推断出南海之滨先民迁徙的大致路线。

↑五岭中之大庾岭。由五岭组成的南岭，是中国地理环境的重要分界。

↑普遍发现于东南沿海地区的有段石锛。

↑广西隆安出土的大石铲。

繁星撒落般散布于东南沿海亚热带雨林及山地丘陵的先民，史称“百越”，由“百”字可推见，其组织上长久以来都存在一种多元而无中心的状态。

本来，“百越”之中的“南越”，即华南地区的文化产生并不晚，先民们很早就掌握了栽培水稻的技术，但整体上的文化发展却相当缓慢，至今尚未发现如同仰韶或大汶口、屈家岭般大范围分布、长时间繁荣的早期文化类型。究其原因，很可能在于优厚的自然条件提供了丰足的水源与食物，从而缺乏竞争与发展的压力。另外，华南地区基本上是以石灰岩的山地、丘陵为主，丛林密布、江河纵横，交通不畅，限制了群体间的交互往来。当然，一些山间盆地、江河渚洲，在某一历史时段本也可发展出一些较大规模的早期文化类型，但是，当达到了这一地区环境所提供的空间上限时，便难于向周边拓展，难以集结庞大的人口，难以形成中心聚落，因而滞后于中国早期文明的整体发展进程，处于一种“帝力于我何有哉”的自由散漫状态。

此区新石器时代的文化类型大致可依3个大地理单元分为3个考古学文化区，即珠江三角洲文化区、闽台文化区、广西文化区。苏秉琦先生有以鄱阳湖珠江三角洲为中轴的南方区系的划分，这在古代是个重要的文化分界线和地理通道。

从考古学的角度论证南岛语系民族起源于闽台，是著名美籍华裔学者张光直的论断。他认为台湾海峡两岸远在距今7000～5000年前，已经是南岛语族祖先的始居地，留下过闽江流域的富国墩及台湾的大坌坑文化遗址。距今5000年前后，在黄河及长江下游诸文化的影响下，又出现了福建的昙石山文化、凤鼻头文化。后来，可能是良渚文化及苗蛮联盟解体后力量南移，使南岛语族的文化从大陆消失，不过却在台湾积存下来，

↑台湾卑南文化遗址出土的人兽形玉佩。

↑干栏船形屋也是南岛语族惯建的居所。
(张孝光先生复原绘制)

↑湖南湘阴青山出土的陶塑／硕大的乳房寓喻着对生命传承繁衍的渴望。

↑湖南高庙凤鸟纹白陶簋。

↑跨越海洋、追寻梦想家园。过量的砍伐、粗放式的耕作，必然导致植被减少、水土流失、地力衰退。整个石器时代，先民们一次又一次放弃了原先艰苦经营的故土，四出迁徙，寻找新的耕地。几千年来，从当今山东至广西东南沿海的先民中，不断有族群驾着独木舟、竹排木筏，渡海远航，追寻新的梦想家园。于是他们登陆了台湾、海南岛以及南洋群岛，与当地的土著结合，再创造出根同花异、姿彩各具的南太平洋文化。

成为台湾土著文化的源头。另外，早在19世纪，西方学者就注意到我国台湾地区及东南亚、西南太平洋、直到复活节岛和东非的马达加斯加诸岛上各民族文化中具有的同一性。从人类学的证据来看，南岛语族基本上属于新石器时代南亚蒙古人种，但体质上又带有现代一些赤道小黑人人种的特征，有人把这种特征解释为原始征状的遗留。不过，直到三国时的孙吴甚至南宋末期，文献上都清楚表明当时东南沿海实际上确有小黑人存在过。

在珠江三角洲文化区，最具代表性的是广东的石峡文化，而从各个方面来看，外来因素都很强：它与江西的樊城堆遗址面貌最为接近，但也存在当地更早的文化因素。在其发展的历程中，该文化也与周边赣江流域、长江中下游地区的古文化不断地发生直接的或间接的联系，越往后，联系越广泛，从而在互相影响下丰富了各自的文化内涵。

华南先民从远古延至近代，宗教形态都十分驳杂。与其他各文化相比，自然神崇拜的倾向显得最为显著。从民俗学的角度看，其古俗遗存是见山拜山、见水拜水、见树拜树、见兽拜兽，认为万物皆有鬼神依附，故视人的生命价值等同于天地万物，长期被后来正统的礼乐文化视为“怪力乱神”、“教化未开”。其实，若从当今回溯人与自然关系的历史，也许这才是最趋近生态平衡的观念罢？■

↑深圳咸头岭出土的白陶杯。

↑广东石峡遗址出土的玉琮，有良渚文化玉琮之风，但纹样、形态又有变化，很可能是当地所产。

↗陶虎子，福建省闽侯县昙石山遗址出土（右），广东石峡遗址出土的浅腹三足陶盘（上）。

图 I……7000 年前

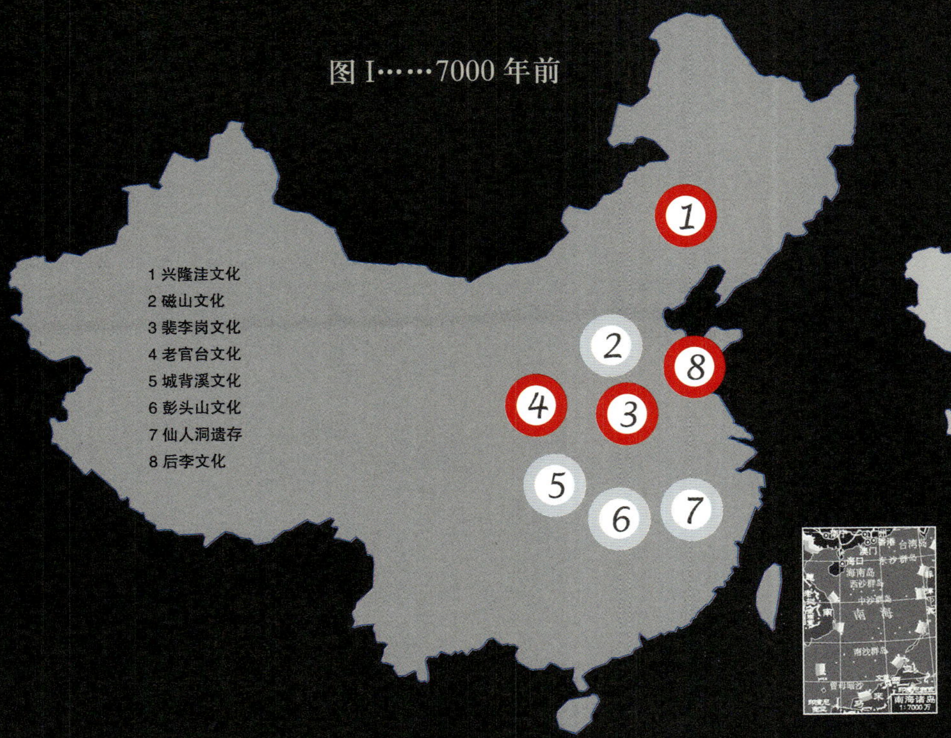

图 II……6000 ~ 5000 年前

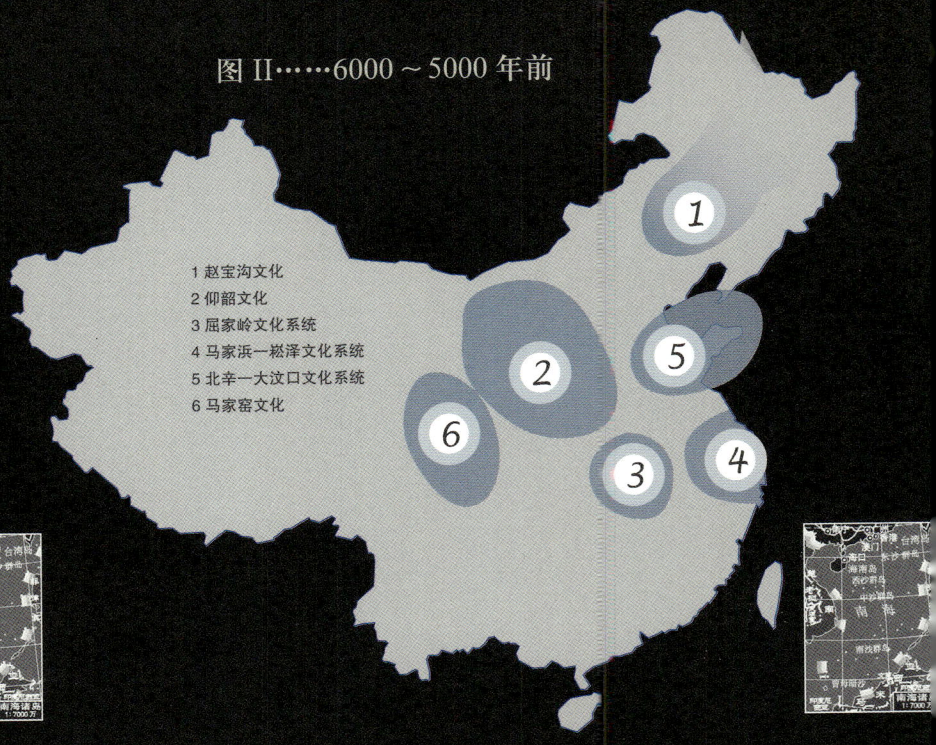

图 III……5000 ~ 4500 年前

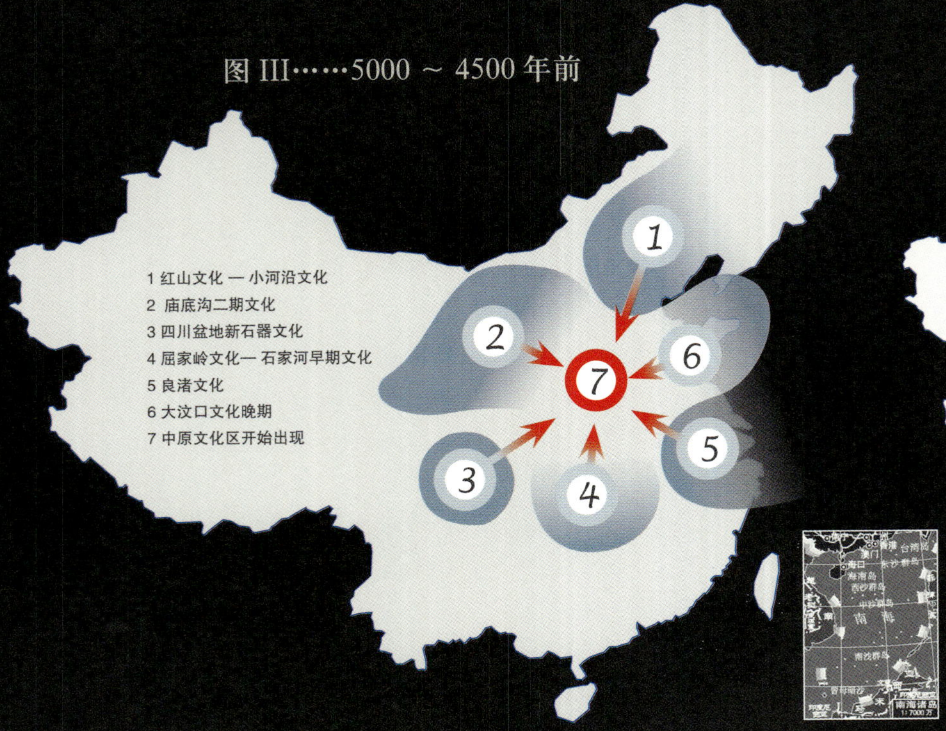

图 IV……3000 年前后

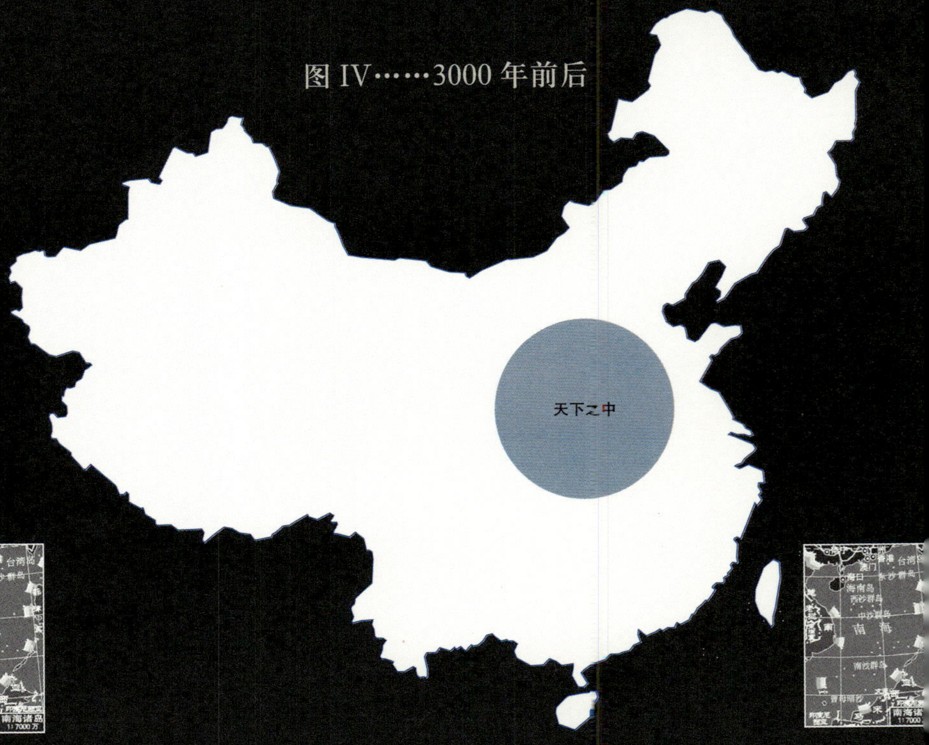

从以上诸图自左至右的递变，可以看出一个中国史前史成长和发展的大势。

从图 I 看，当时中国所存在的新石器文化群，除了黄河中游的几个外，彼此都相距较远。

到了图 II，旧的文化继续扩展，黄河中游的四个文化群融合为一个仰韶文化区。而东北、山东、长江三角洲、赣北、两湖又都增加了新的考古学文化。但从地域看，他们还都是各自孤立的，要互相联系尚相当困难。在这个时代，仰韶文化可谓独占鳌头，她向西已扩展到青海湖畔，并在距今五六千年间的一段历史时期内，影响着北方、东北、东方和南方。称之为仰韶时代，当之无愧。

至图 III，可明显看到另一波强有力的文化已经崛起，并迅速拓展。这便是考古学上称之为龙山文化的时代。那时，中原及其周边、北至燕山、南至两湖江浙，任何文化想独善其身已经不大可能，各个文化区域都在扩大，扩大的过程，必然有排斥、有撞击，但毕竟社会发展的大潮不断消解各个文化的差异，把多种文化联结成一张网络，原先强盛一时的仰韶文化渐渐分解，被各方所吸收，它的余韵也被包容进这张网络了。这是一个风起云涌的历史新时代，是一个“物竞天择”的自然法则反映到人类族群之间的“乱世”。一时间，“英雄”蜂起，逐鹿中原。传说中黄帝剿灭蚩尤，建立统治“中土”、号令“天下”的权威，便是这场大变局的史影。“黄帝”之后，递经“颛顼”、“帝喾”、“帝尧”和“帝舜”的继任，史称“五帝时代”，也叫“英雄时代”和“传说时代”。无论何种说法，一个可以号令周边列“国”以及各酋邦、各部落联盟的权力中心在中原地区形成了。中原地区倚其地缘之利，广泛吸收四面八方文化的优质元素，成为物流、资讯的枢纽，使原有的文化丰厚起来。例如，标示社会成员等级地位的礼器，绝大部分都非中原出产。文化交融，更主要是观念形态和统治权术的汲取，总结各种文化成败的经验，体会与异族打交道的策略和控御手段，终于成就了中原文化长期主导政治的“宗主”地位，也成就了“英雄”的业绩。

“帝舜”之后，经历了“大禹治水”的组织上行政上的整合，进而树立了大禹“天下之中”的权威。他的儿子夏启，就利用大禹的威望与恩泽“抢班夺权”，以“祖泽”加武力，把原始部落原先包括“禅让”在内的不同的权力传承方式，归结为“传子”一种，并予以制度化，从而建立了中国历史上第一个世袭王朝，开启了“中国历史”的新一页。进入了被后来历代王朝所羡称的夏、商、周三代时期。

夏、商、周三代相继取得中原地区的核心地位，但也只是相继成为诸国中最有政治影响力的大国而已，他们分别在一段时间内取得了诸国中之宗主地位，其文明发展的水平也可能高于别国。当时存在着一个趋势，即彼此争斗的诸国向着形成日益扩大的国度发展，如此一来，国家的总数日趋减少。

在文献记载的上古历史中，政治大势为夷据东，夏据西，从更长时段看则是西部挤压东部，渐渐把东部统合。而文化大势上，则往往东夷占优。于是，华夏民族的形成在总体上就呈现出一种东部提供其巧思，西部组织其结构，文化汇聚交融于中原的势态，长期领导着中国文明的成长与壮大。这并不意味着我们可以忽视本书中谈到的其他区考古学文化的贡献。

第四章

大势
从万国林立到天下之中

裂变

私有制与贵族阶层的发展

↑山东大汶口遗址位置示意图。

↑山东大汶口文化之曲阜西夏侯1号墓出土照。图中可见随葬品之多。

随葬品情况	墓数	百分比
随葬猪头猪下颌骨的墓	45座	34%
一般随葬品的墓	80座	60%
无随葬品的墓	8座	6%
合计	133座	

↑大汶口墓地中私人占有牲畜对比表。

原始社会实行公有制，这是基本的历史常识。而实际上，所谓“公有制”这个概念，不同的历史时期具有不完全一样的内涵。

原始社会早期，氏族的聚落小，人口少，物资匮乏，所有制相当单纯，是名副其实的“各尽所能，平等分配”，基本上为氏族所有制。

晚期，氏族显著扩展，有些地域相近的不同氏族则合并为部族。部族显然要比氏族复杂得多。即使是氏族内部，成员大幅增加了，其间的亲疏远近关系复杂了，财产的所属及继承等都会引起一大堆问题。原先单纯的氏族公有制已不足以应付日渐复杂的状况。于是，在氏族公有制的基础上，便衍生出一些适应于这一变化的“子制度”，出现了家族公有制，同时夹杂着少量带有一定地域关系的部族公有制和具有共同血缘关系的胞族公有制。

在我国原始社会晚期，尽管还维持着传统的氏族制度，但家庭及私有财产的出现，使得家族公有制渐渐取代了原先的氏族公有制这一“祖制”，成为这一时期所有制的基本形式。墓葬中出现由少数墓集结在一起的组群，就是家族公有制在葬俗中的反映。氏族公有制依然存在，只是越来越虚化，最后蜕变为后世那种“太公田”、“太公分猪肉”之类仅具象征意义的宗法仪式。

氏族墓地的发掘研究明显反映出，氏族部落首领、军事领袖和祭司等显贵拥有较多财产和奴婢，随葬的人头则是墓主人的战利品。氏族分化，超越的阶层出现了，这是文明起源的重要因素。

从山东泰安大汶口文化的私有制发展可见到若干特点：一是私有财产种类不少；二是拥有财产的人比较多，并不由少数氏族部落首领所囊括，这与个体家庭经济的兴起有关；三是出现了明显的贫富分化，形成两头小、中间大的状况。这些特点说明，大汶口文化的私有制不是短期形成的，在此之前应该有一个发生、发展的过程。

此时及其后，部落之间征战愈演愈烈，出于防御和作战的需要，一些部落结成联盟，并有了行政、军事和宗教的诸类分工。这些首领对内保护本联盟的利益，对外掠夺战争，在频繁的战争中所积累的权威及战利品，通过家族传承而成为世袭贵族。

中国史前都是以血缘为纽带的社会组织，血缘关系是氏族社会的基础，以血缘分远近定亲疏是一个十分重要的原则。后来父系确立，家庭成为社会基本组织单位，为“家天下”的王朝统治作出了铺垫。

中国历史从氏族社会走向文明国家社会，基本上是在氏族社会父系确立之后转化的，但文明社会并未破坏氏族社会以血缘为纽带的父系制，相反，却把父系血缘纽带与政治相结合，成为维护和加强政权的基本因素，与国王或贵族的血缘远近，成为拥有或享受社会地位高低的重要关系。血缘关系，在中国社会整个历史中始终起着不容忽视的作用，这是中国社会历史和文化的一个极重要的特点。■

↓大汶口文化临沂市大范庄遗址出土，器物呈鸟形，最特别的是双层口。

↑大汶口10号墓随葬品之一——镶嵌绿松石的弦文雕骨筒。

↑红陶四足兽形器。

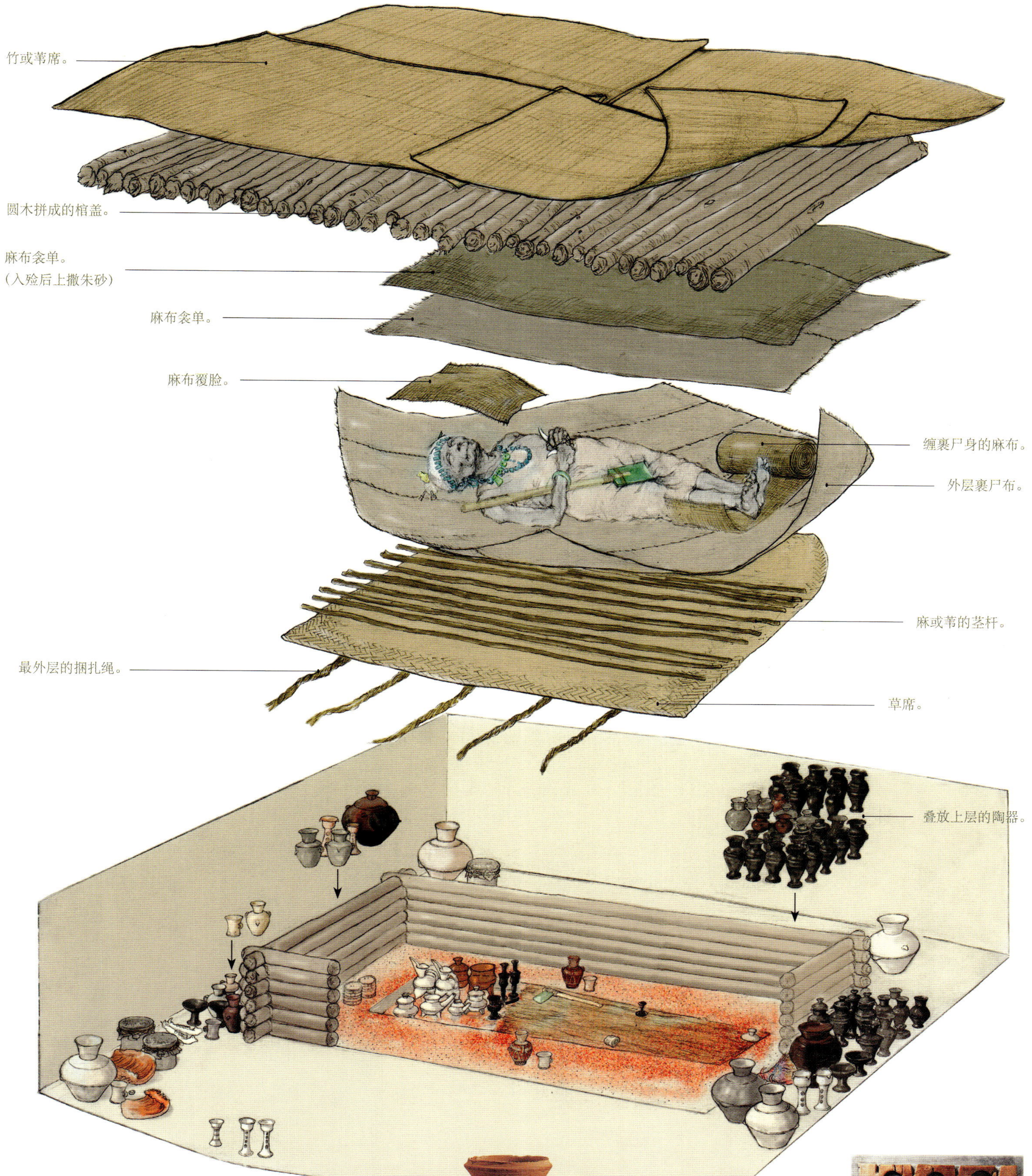

↑大汶口10号墓解构复原图（张孝光先生复原绘制）／墓主是一位年约50岁的女性。殓葬时，髻上别有透雕“S”形图案的竖式象牙梳、方形及圆形帽的石发笄三枝；头束长形细磨石片串成的额勒；项下挂管状石珠串项饰，胸前是由19枚不规则绿松石串成的胸饰；肘上佩玉臂镯，指套镶有绿松石的骨质指环，执獐牙两枚置于胸前（也可能是装木柄獐牙器），一柄墨绿玉铲置于臂弯。随葬的各式精致陶器多达80余件，另有象牙骨雕筒、鳄鱼骨板（可能属于某种木质礼器的部件）及猪骨、猪架等，分三层置于棺内棺外。

如此厚重盛隆的陪葬品，为同期各文化所罕见，是明显的阶级分化征象。故有论者称：墓主“已具王者气象”。

↑大汶口10号墓随葬品之一——别于墓主发髻上的透雕“S”纹竖式象牙梳。

交触

人口膨胀与社群互动

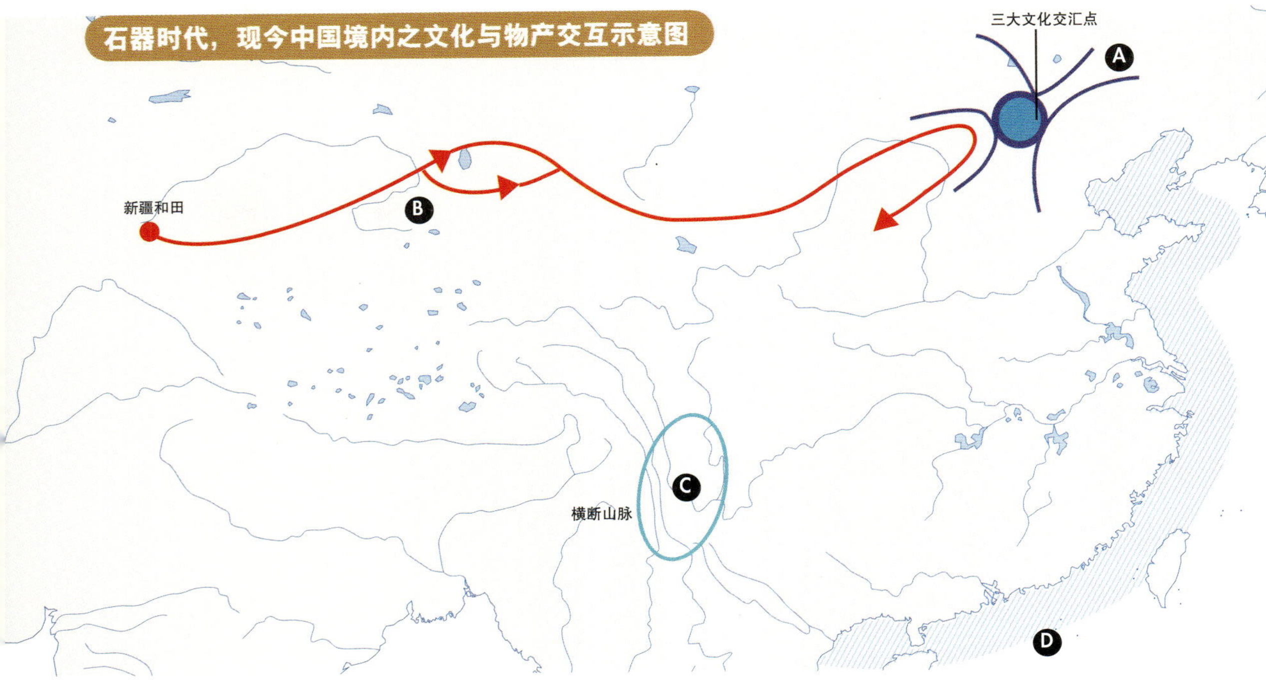

A—东北、西北与中原长期的文化交汇地区，已故考古学家苏秉琦先生称之为“丫”形文化带，形成于距今 5000 年前，他指出，“这是中国文化史上最活跃的大熔炉，也是中国文化史总根系中一个重要直根系”（《中国文明起源新探》）。

B—玉石之路。玉器专家古方认为：该路西起今新疆和田，越过沙漠与青藏高原的雪山，迢迢万里，进入中原，再散播四方。距今 4000 年的齐家文化时就已形成。这也是后来汉唐丝绸之路的远东段。

C—横断山脉之中国古人群古文化沉淀区。

D—独木舟、竹筏、木筏，把渤海湾到北部湾的整片东南沿海的近海区连接了起来。相同的岩画风格及一些相近的文化元素可证明这一点。

↓ 溜索，一种古老的桥梁形式，现云、贵、川还有一些地区靠它来维系河流两岸的交通。

据研究，最早的人口调查始于商代，但下至秦汉，都没有留下一个可靠的、全国的人口数字。到了西晋皇甫谧撰《帝王世纪》，记载有大禹时人口数字为 13,553,923 人，这长期被奉为权威的数字。中国有些学者称之为“世界各国最古人口数字之一”。但此数字来源于晋以前的何种经典？皇甫谧没说。近代以来，却因这个数字过于精确而受到大多数学者怀疑。不过，有美籍华裔人口学家段纪宪，以其“不可知人口数量倒推法”对此数字作过模式验证，认为 1300 万左右是合理的。史学界公认，中国历史上第一次较准确的人口普查开展于公元 2 年，当时全国人口为 5960 万，以此为逻辑原点，以适用于 5000 ~ 2000 年前的世界每百年人口增长率约 6.6 % 为推理参数，倒推出夏禹时的中国人口应为 1500 万左右，约占当时世界总人口的三分之一，与皇甫谧之说颇为接近。

中国社会科学院历史研究所研究员宋镇豪先生则利用考古成果，并结合古代典籍进行推算，认为大禹时人口数字在 240 万～ 270 万之间。

但复旦大学历史地理研究所葛剑雄教授等一部分学者认为，迄今为止，可信的材料还不足以提供研究夏商人口起码的条件。

如果暂且放开精确统计的要求，转而从宏观的视角进行逻辑推测，那么，由于生产力与生活质量的大幅提高，引至人口及聚落密度倍增当是绝无疑义的。

← 海贝，青海省乐都县柳湾齐家文化遗址出土。共 36 枚，似来自中国东南沿海地区，表明在 4000 多年前，甘肃、青海地区可能已与东南沿海有一定的经济和文化往来。

原始社会晚期，人口繁衍引起了住居地大幅扩展。随着凿井技术的广泛应用与提高，人们大大减少了对江河的依赖，可以迁徙到肥沃的冲积平原、富饶的山间盆地去。

迄今为止，在现今中国土地上，已发现的新石器时代城址或聚落遗址已达 7000 多处。从世界屋脊的青藏高原、死亡之海的塔克拉玛干沙漠，到太平洋的台湾岛和海南岛，都能找到史前聚落的遗迹。尤其是黄河流域和长江流域，简直是密密麻麻，如同朗夜繁星。看来，司马迁说“五帝”时期“万国”林立，并非是一个姑妄言之的约数。

既然有密集的城邦聚落，自然就有接触、有往来、有交换。当然，短途的直接贸易，内容比较简单，只是邻近几个聚落之间的往来。但一站一站延伸下去的间

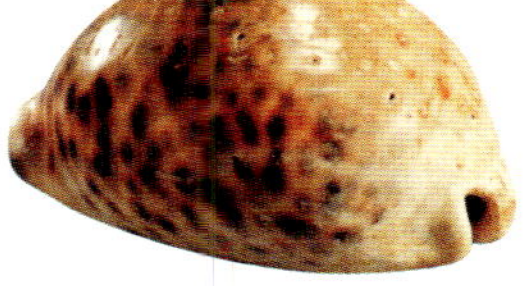

↑ 海贝／云南玉溪江川出土。海贝古称“贝巴”，在古代，云南长期用贝作为货币，南亚、东南亚亦有此俗。云南流通的海贝多为环纹齿贝，可能是由印度或东南亚输入。其输入路线，于今已无从考证。

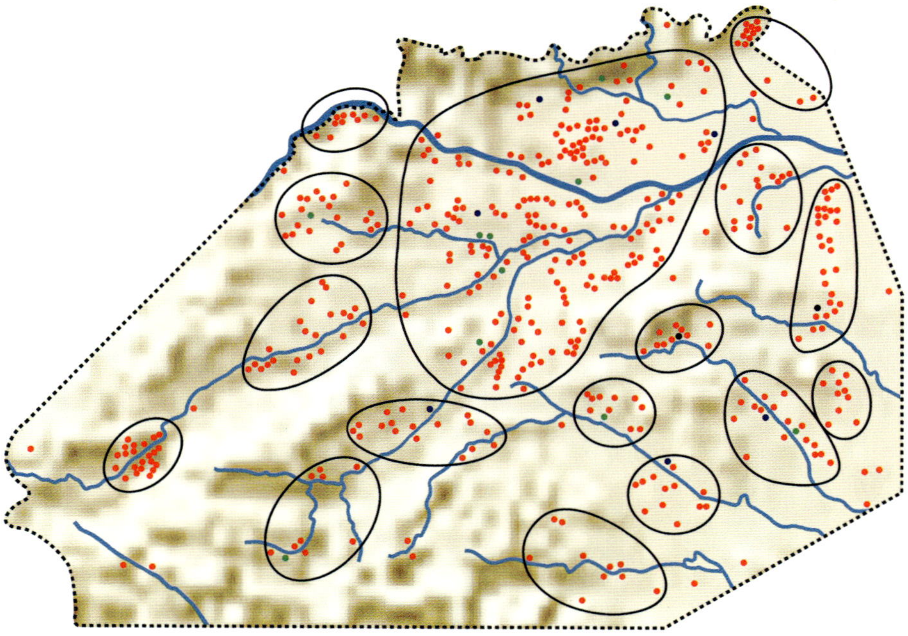

↑新石器时期黄河中游郑洛之地的聚落及古城遗址分布示意图。当时聚落之密集程度，由此可见一斑。

从距今8000年前至距今4500年左右中原地区之聚落增长一览

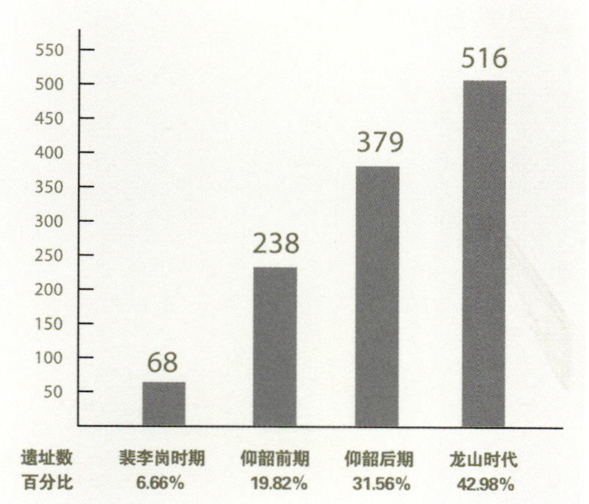

↑香港南丫岛大湾遗址出土的牙璋和玉串饰（相当于夏代），它是大汶口文化风格的。

←黄河边黄土阶地上的集市。那时贸易的方式是当面以物易物。不能当面交易的，就只能依靠交接人的“诚信”了。所以，古代贸易重“诺”。

接贸易，尤其是部落领袖的礼仪用品（彩陶、玉器等）的交换会达到什么程度呢？从历史实际看，接力式跨越自然障碍的远程交往，可达上千公里以上。上图是香港南丫岛大湾遗址出土的牙璋和玉串饰（相当于夏代），无论从玉材、形制还是纹饰看，都是山东大汶口文化出产的典型玉器。其间的跋涉周折可想而知。

当时，这种一站接一站的来往，沿着河流、翻越山脉、穿过平原、横跨湖海，不同文化的交互和贸易，实际上已经构成了一个流通网路。当然，其程度与规模不可能是相同和相等的，同一文化区域内和交通相对便利的区域间的来往肯定更密集、更频繁。

所以，我们现代人可不能被当今的国境概念限制了想象力。既然，重重高山或辽阔的海洋都没能挡住古人交互往来的步伐，那么相继一站一站的贯通蒙古高原、中亚及至西亚、甚至与更西部的民族之间，存在往来交互的路线又有什么不可能呢？■

从血族复仇到资源争夺

↓古史传说中，炎黄之战的战区“阪泉”位置示意图。图示为今河北涿鹿；另据钱穆之研究，则为今山西解县和安邑。

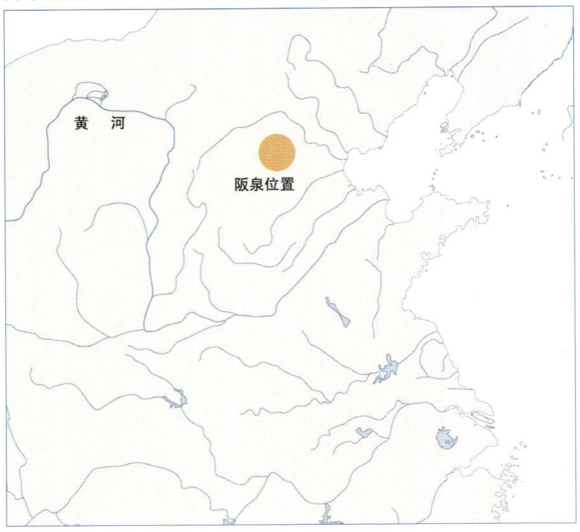

←石斧与石戈复原图／石斧与石戈都是石器时代近身搏击的常规兵器。包括当时威力最强的弓箭在内，所有兵器也都同时是生产工具，唯独戈是战争所催生的中国历史上首件专供杀人的武器，原型是加了长柄的石镰，后来发展为铜戈铁戈。古籍中常见有“枭首”一词，就是用戈“收割”人头。

↑汝州阎村遗址出土陶罐上的“鹳鱼石斧图”／有人认为这是代表两个部族之间战争中的胜利者“鹳”庆祝战胜了“鱼”的纪念品。但也有人认为可能是古老氏族的图腾。而作为这一时代画面最大、内容最丰富、技法最精湛的彩陶画则无争议。

在未产生私有制和阶级之前，就已经存在氏族和部落之间的流血冲突。但早期冲突多为血亲复仇所触发。一旦自己的血缘亲属为异族人伤害，那他的亲人有义务也必须为其复仇，否则将为人所鄙视。部族间因自然资源的争夺而引起的冲突想来则较少，因为聚落与聚落间无人地带宽阔荒芜，可谓井水河水各不相犯，而且都没有什么可供掠夺的物品。

当时存在的血祭地母和猎头之风，是属于宗教原因的流血事件。北京猿人遗址所存有的人吃人的痕迹，到底是属于原始人生活极其艰难的一种无奈？还是一种已经湮灭了的宗教信仰和习俗？现已无从考究。黄河流域远古时流行的猎头风俗，直到近代，在南洋土人及台湾高山族、云南佤族等少数民族中还有遗存。

随着生产力的发展，人口的增长，新部落的大量衍生，部落与部落之间所属的自然资源范围变得犬牙交错。于是，保卫与占夺自然资源的战争便出现了。其后，随着人们可以制造出越来越多的剩余产品，以及私有财产的增长和私有制的出现，人类占有欲急剧膨胀。原来狩猎的工具变成了武器；生产的劳动力变成了战士；掠夺财富之得利，远远超过生产劳动的成果。掠夺成果越丰，享有的社会荣誉越高，于是战争规模也就越来越大。

史前战争可能极其惨烈、极其血腥，甚至以整个聚落被夷平、所有人口被屠戮而告结束。免于被杀或被逐的战败者，则被逼纳入战胜方的联盟。中国史前，鲜见掠人为奴及战胜部落奴役战败部落的痕迹。

↑单孔石戈，广西壮族自治区合浦县清江出土，新石器时代武器，两侧有刃。

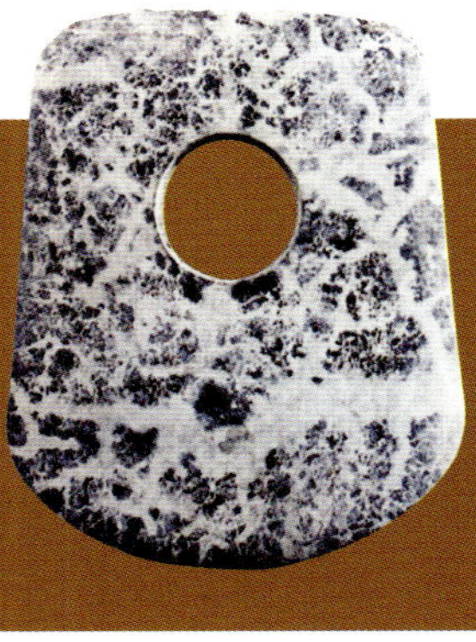

↑广西桂花岗遗址出土石斧。

↑石镞，广西壮族自治区出土，图中的长石镞出土于全州县卢家桥，三件小石镞出土于那坡县感御岩。

↑阪泉之战／黄帝族与炎帝族阪泉之战的结果是黄炎结盟，在“诸侯相攻伐”中开创了一个“和合”的新局面。而实际上，应该是“以战逼和”，故而图中的炎帝族酋领显得很不服气。

考古发掘中发现的龙山时代聚落，遗存堆积均较薄，说明了聚落的沿用要比仰韶时期短得多。聚落内住宅的层层叠压，意味着居住人口更替迅速，社会动荡不定，较大规模的战争相当频繁。这时，尤其在黄河中游地区，村落分布非常密集，彼此间的利益一旦不能协调，势必发生冲突。而墓葬中兵器比例明显增多，工具少，甚至没有。另有大量的乱葬坑，当为战死者或被处死的战俘。作为古代常规武器的箭镞，在一般村落也大量出土，可以想见当时紧张气氛可能已达到“全民皆兵”的程度。但正是这种笼罩整个社会的强大张力，开辟了通向国家形成的道路。在河北邯郸涧沟两个距今4000多年的龙山文化期的灰坑中，发现了层层叠压的人骨架和兽骨，两个半地穴窝棚下，分别发现了三个头盖骨，有斧子砍过的伤痕和剥头皮时留下的刀痕。该发现是世界上剥头皮、制头盖杯风俗的最早实例。

历史上流行头盖杯风俗的主要是欧亚大陆北方草原的游牧民族。此次发现说明，古代华夏也有此种风俗习惯。著名考古学家严文明先生认为，这表示了一种风俗传统的开始，因为直到战国还有此风俗的记载。而在北美的土著中，剥头皮与制成头盖杯的风俗，直至近代还在流行。

炎黄二帝的阪泉之战，就是先民对这个历史时代的典型记忆。

设防的城市，高峻的城墙，深宽的壕沟，恰是国家形成过程的普遍表征。而建立起超血缘关系、具有大地域管理职能的高级社会形态，更是历史的大趋势。

碰撞、争夺与征服，开启了一个新时代。■

↑内蒙古哈民遗址F40全景照片，出土有近百具妇孺遗骨。

↑近代云南佤族的“木鼓房”照片／所谓“木鼓房”，是佤族人击木鼓、祭人头的巫教礼仪场所。图中，木棚下架起的是木鼓，长杆支着的竹筐上，供的是猎回的人头。

↑人头盖骨牌饰，兴隆洼文化遗址出土。

兼并与结盟

在原始社会中，老子所说的“鸡犬之声相闻，老死不相往来”应该是实际存在过的人类生活状态。但随着人口增长，新部族的衍生，自然资源需求的扩展，部族之间的利益范围便错综复杂了。碰撞冲突于是在所难免。为加强本部族的力量，与血缘相近、相统属的部族结为联盟，以抗衡不相统属的部族，成了当时主要的政治手段。借联姻、宗戚、盟誓等为由，各种谋略方式的结盟便纷纷登场了。

力量较强的部族，为扩展本部的势力，侵吞较弱小的部族成为自己的统属，史称“兼并”。

在距今四五千年间的龙山时期，这种兼并战争空前激烈。司马迁在《史记·五帝本纪》中称之为“诸侯相侵伐”。这“诸侯”，就是各大小方国、古国、酋邦。大大小小武装集团乍分乍合，相互攻掠杀戮，是一个鸡犬不宁的“乱世”。

在古史传说中，黄帝炎帝是远缘亲属，很早从同一个母系氏族中分裂出来，又沿着不同路线东迁。黄帝部族“惯用干戈，以征不享，诸侯咸来宾从”——即以战争的手段逼使别的部族归服。而炎帝部族不服从，且又“侵陵诸侯”以壮大自己力量。于是，两强争雄在所难免了。黄帝“与炎帝战于阪泉之野，三战然后得其志”，史称阪泉之战。此战虽经再三较量，却没有留下残酷杀戮的记

↑齐家文化蚕纹双联罐。

↑双口红陶壶，内蒙古赤峰市大南沟红山文化遗址出土。高21.3、腹径22厘米，高颈器口间有一对乳钉状的突起，可能寓“水乳交融”之意。

↑舟曲县掌坪遗址出土旋纹三联黑彩陶杯。

↑康乐边家林遗址出土弧线点纹黑彩陶杯。

↑彩陶双体罐，西藏昌都卡若遗址出土的夹砂黄陶，绘黑彩。双体纹饰各不同，一为折线纹，一为菱形纹，可能代表着结盟的两个不同氏族。

↑彩陶双联壶，新石器时代仰韶文化郑州大河村出土，口径6.5、高20厘米。

→考古发掘出土过不少或瓶或杯的连体容器。从外表看，连体杯瓶像是两壁黏连起来的两个容器，其实，两个容器的腹部往往相通，制作大都非常精致，有的器物表面还饰以彩绘图案，或刻画各种动物形象；有的在腹部附加一对器耳（把手）。发展到后期，有的在两杯腹壁的各一侧分别安上把手。另外，还有一种是三耳杯，在举行仪式时，由巫师与盟誓双方各持一耳，举酒祈求神证。为两氏族间解决纠纷时，先由巫师作法，再向祈求和解的双方斟酒。巫师将此酒杯递给他们，这时祈求和解的双方则用手共扶两杯柄进行象征性的饮酒，以示两方和解。若用于两氏族联姻，也是由巫师持杯向双方祝贺。

↑近代彝族的钻牛皮盟誓仪式。

↑近代云南独龙族举双耳杯饮血酒盟誓。

忆，而且通过较量归于相合相亲。似乎是政治韬略成功，弄了个大团圆结局。

在古史传说中，炎帝部与黄帝部结盟后，其首领炎帝就被“遣”往南方去了。但不能排除黄帝部族运用了以战逼和的策略，而所谓炎黄同宗其实也许是后世称的“结盟弟兄”，即一种冒认的血缘关系而已。

从民俗学的调查看，原始社会的人际关系中，血缘关系是唯一可获信赖的关系。异血缘族类之间，总存在种种防范与戒心。春秋还有所谓“非我族类，其心必异”的共识（《左传》）。直到近世，一些后进民族与异族结盟，还依然是极其庄重的事件。

祖先崇拜前提下，以血缘编织互信的人际关系，便于在观念上心理上弥合异血缘宗族的隔阂与纷争，这在中华民族国家形成过程中，起到了精神纽带的作用。它使“国家”这一新生的跨氏族的社会组织，建立在家、国难以分割的密切联系上。一个同血缘的谱系，是真的还是编撰的姑且不论，但只要普遍认可了，就是同宗同族，就是“一家人”，可以“四海之内皆兄弟”。

考古发掘中与结盟相关的器物是连体容器。这种连体容器遗存的时代与地域，透现出了一种深远奥博的历史特质。

连体容器的流行，大约在距今5000多年到距今4000多年，最晚的距今有3000多年，大概相当于通常所说的原始社会晚期“军事民主制”阶段，即龙山时代；从分布地域来看，大都发现于今天的河南、内蒙古、甘肃、西藏和四川等地，均属中原和西部，即所谓的“大陆文化族团”。似乎大陆文化族团中，不同的族群间更容易联合，更具有包容性。联系中国几千年族团移徙征战的大势，总是北部族群南下或西部族群东征而攻占全国。这种基本历史态势的形成，其原因看来可溯源及此。■

酋邦·古国·方国

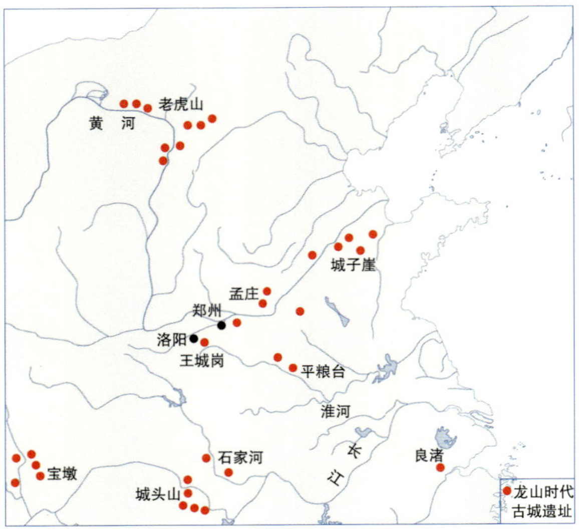

←龙山时代古城遗址分布图。

界限或地盘意识是所有动物都具备的本能，人类在新石器时代早期的聚落中就设有壕沟，以界限限定自己的住地。但当时它只是标志着一道界限，是神灵保佑下隔绝邪祟恶鬼侵扰的象征。到后来，壕沟渐渐加深，像半坡遗址的壕沟就明显具备了军事防卫的意义。随着部族间冲突加剧，人们进一步发现，在挖沟的同时，用挖出的泥土顺带在沟边夯筑一道高墙，就更能进一步增强防卫作用，这就是中国古代典型的城池，是古文中"匿国"一词的最早形态。

已故著名考古学家苏秉琦提出：在中国古文化的范畴内，古文化主要指原始文化；古城主要指城乡最初分化意义上的城镇，并非通常所理解的城市或都市；古国指高于氏族部落的、稳定的、独立的政治实体。红山文化在距今5000年以前率先跨入古国阶段。不迟于距今4000年前，全国各大区系大体都进入古国阶段，即酋邦万国林立时代。古国时代之后是方国时代。所谓"方国"，是以地缘条件而非氏族的统属为基础，且往往是由多个古国组成的更高一级的国家形态。距今4000年后，方国已进入比较成熟、比较发达的高级阶段，夏商周都是方国，是周边林立的方国、古国所先后共同服膺过的、居"天下之中"的首席方国。在古代历史文献中，夏时长江下游的"防风氏"、淮河流域的"涂山氏"等，也都可能是方国。方国为后来的统一大帝国的出现做了准备。

美国人类学家在对美洲印第安历史进行了广泛深入的研究后，提出一个"游团—部落—酋邦—国家"的人类社会向国家演进的模式。酋邦模式的主要特点是：有关社会在进入国家阶段前，就已经在一定程度上产生了中央集权的权力，亦即社会最高权力在一定形式下，被占据社会特殊地位的人如酋长所掌握。这种社会形态在现代人类学中往往被称为酋邦，酋邦首领的权力不受部落成员的制约。人们相信他的统治权力是神灵赐予的。

从有关"五帝"的古史传说来看，有黄帝造城传说，也有说是鲧和禹发明了造城技术。这些传说不同程度地得到了考古的印证。总结迄今为止的田野考古成果，

↓河南淮阳平粮台古城。此城堡规模并不大，每边仅长185米，城垒内面积34,000多平方米，城墙坚厚，墙基宽13、顶宽8～10米，呈正方形。南北开门，南门中分南墙，北墙偏西而开。其方正对称的格局，奠定了中国此后数千年的都城布局基调。（参考张孝光先生的复原绘制）

↑龙山时代的村落——河南汤阴白营遗址复原图（张孝光先生复原）/ 该村房屋多为圆形，间有方形，并已流行地面建筑。圆形房屋直径多为 3 ~ 5 米，但具完整的生火做饭及睡觉的空间，可见，聚落已是由多个小家庭组成，全村共用一口水井。布局上大体南北成行，房门大多朝南。灰坑（弃置废物的土坑）与房基之间有一定间隔。

←房屋的筑墙方法多用“木骨泥墙”，面抹草拌泥。

←内蒙古三座店石城遗址石砌院落。

↑平粮台古城发掘现场。

中国远古的城有两个发展阶段。

早期阶段，即距今 5000 年前后，那时的城虽比村落大，但尚不规范，多就地势建造，防御措施落后，只能算是较大的、有城墙围壕的聚落。

晚期阶段，即距今 4000 年前后，各个文化区都出现了较大的中心聚落，管辖着周围的若干聚落，在若干中心聚落之上，又出现了规模更大的城，成为当地政治、经济的中心，也是军事中心。

但不同地区，筑城的起始目的却未必一样。

四川盆地的古城，原先大多可能为防洪而筑；黄河河曲岱海周围的古城，则多与军事防御有关。■

↑平粮台城址中出土的排水管，证明古城中设计有完善的排水系统。陶管道一头口大，一头口小，小口套在大口中，连接成管道。

←平粮台古城南门局部剖面图。图中下方，可见下水道陶制水管成倒“品”字排列，陶水管直通护城河，这可能是中国历史上最早的城市排水设施。图右，门房中所见灶台，可作守卫炊事及冬季取暖用。（张孝光先生复原）

大规模的“国际”战争

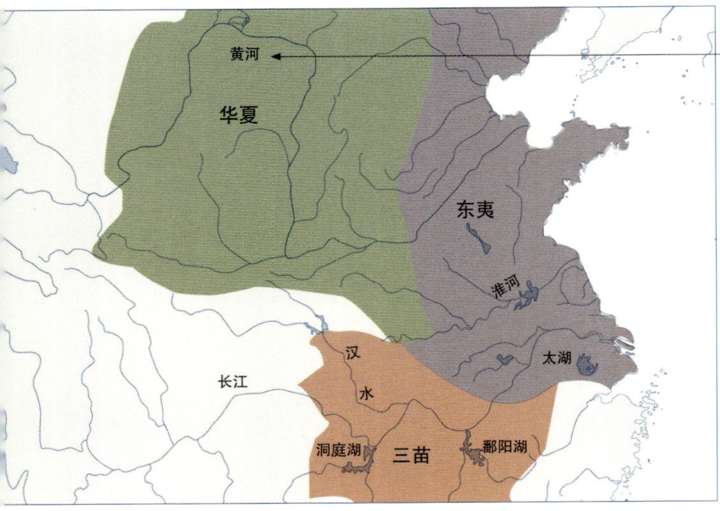

↑此图根据考古学家徐旭生先生所制的三大联盟集团分布图复制。图中只是大体上的划分，并不意味存在明确的疆界。

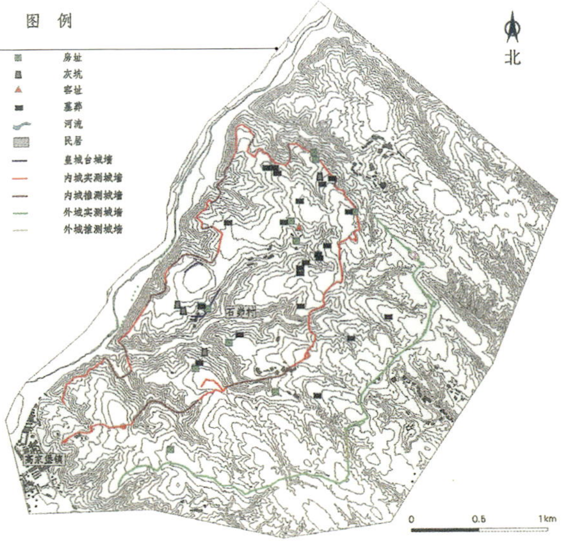

←中国目前发现的史前最大规模的城址——陕西神木石峁城址城墙分布图。

司马迁《史记·五帝本纪》开篇就写道，“轩辕之时，神农氏势衰”，说的就是“逐鹿中原”的历史时期。这时，旧有氏族制度的习惯法，对于调节私有制社会遍地纷起的新矛盾已无能为力了。于是“神州板荡”，冲突四起。

随着战争、兼并与结盟，渐渐形成了三大集团。而集团之间、一国之内，肯定也有出于利益关系而产生“相侵伐”的局部流血冲突。

在中国西北部和中原地区西部，两个强大的部落炎帝和黄帝结为一个“国际”军事联盟，而东部沿海和中原地区东边的东夷，则和南方的苗蛮结为另一个“国际”军事联盟，以蚩尤为首领。传说蚩尤有81个铜头铁额的兄弟，个个凶猛无比。蚩尤先是侵入炎帝属地，并屡屡驱赶其部落。史称炎帝“九隅无遗”，就是说输了个干干净净，什么也没有剩下。炎帝求救于黄帝。蚩尤统帅大军杀到现今山西南部的解县和安邑（此说据钱穆的研究。另一说认为是在今河北省涿鹿）。东夷苗蛮的联军与黄帝炎帝的联军展开了连场大战。

这是一场规模空前的“国际”战争。由此战衍生的神话传说，可谓异彩纷呈，脍炙人口，记载均见于汉代

→华夏与三苗在苗蛮古城鏖兵／古史传说记载，涿鹿之战以后，尧舜禹历代之数百年间，都有“征三苗”的大规模战争。图中攻城一方是华夏东夷两族为核心的“国际”联军，守城一方是被中原礼乐正统视为“桀骜不驯”的苗蛮各部组成的南方军之联盟。右前持石钺戴石护臂的指挥将领，当为东夷族武士，身上所披为石铠甲，以细皮绳串联磨制石片而成，可挡箭镞。左边树下研判战情的统帅，所携玉钺系有彩羽，当为具“王者”身份的前线总指挥，司马迁在《史记·五帝本纪》中套用殷周封爵的级别称之为“侯”。冷兵器时代，箭与火是最常规的、尤其是攻城最有效的武器。

↑汉砖画像：炎、黄与蚩尤之战／居中的"兵主"蚩尤，持五兵，力抗炎、黄的围攻。

↗嵌在石峁城址古城墙上的玉铲。

↗陕西石峁城址人头骨堆，多为年轻女性。

以及此前成书的各种典籍。

此战之后直到大禹末年，古史传说中的重大战争就是不断征伐三苗，涉及此战的"国际"领袖先后有黄帝、尧、舜、禹。

另一方面，龙山、石家河等文化考古发掘的结果，也与此古史传说等基本相应。可见神话和传说背后，总隐藏着某种历史的真实，并非可随意杜撰的。

现代神话学兴起后，我国学界不少学人尝试对涿鹿之战进行解读，以求探究隐藏其背后的历史真实。例如，黄帝、蚩尤是具体的个人还是连续多世的部族？黄帝出于偏西北部的大地湾、庙底沟还是东北部的熊首峰、赤峰一带？"铜头铁额"之说是否可作蚩尤部掌握了青铜兵器的佐证？"轩辕氏"的称谓是否说明黄帝在此战中使用了战车和指南车？助黄帝的应龙、旱魃以及雷兽骨所做的鼓槌，是否为黄帝一方所使用的、后来失传了的战法或兵器？……

不过，关于这场战争，看来最值得注意的是结局：

蚩尤被擒杀，战胜的黄帝一方"合鬼神于泰山之上"，或有"釜山大会"之说，但"天下复扰乱，黄帝遂画蚩尤形象以威天下，天下咸谓蚩尤不死，八方万邦皆为弥服"。它传递了一个信息——涿鹿之战后，黄帝并未能简单地"征服统一"黄河流域，还是要靠打出蚩尤旗号作为"怀柔"式的政治手段去招揽蚩尤的旧部以收拾乱局。结果，这一"攻心"的政治策略，继炎黄之战后再次收效：东夷的少昊清服从了黄帝，相互结盟，共同融为一个核心。据《山海经·大荒东经》明确记载，"五帝"之一的颛顼就原是少昊国或部族的"少帝"。战败不服的蚩尤余部则引而远去，将蚩尤的故事与遗风带到南方。

蚩尤此战虽败，却长时间成为东夷旧地及后人祭祀的最高神祇之一，此风历经三代，更被后来显赫几百年的齐国发扬：蚩尤被列入其最高的"八大神"中排第三位，居"兵主"即战神之位。而齐国这八大神中，只有战神蚩尤是人物化身的人格神，其余七神是天地日月阴阳四时。下至秦汉，许多帝王诸侯出师征战，皆高扬蚩尤之旗，祈求保佑。祭蚩尤之风，在西汉"独尊儒术"之后才渐渐淡出。但蚩尤单纯作为"兵主"被尊崇，则一直延续到宋代。■

绝地天通…………

原始宗教的发展与改革

↑ 甘肃省永靖大何庄的环形祭坛及献祭场面／这种砾石排列成的环状祭坛，从东北大兴安岭南段沿西向南，环绕着中原大地的半月形文化传播带多有分布。西北先民祭天地祖灵，多以牛羊作牺牲。三代以降，牛羊猪三牲祭品被称为“太牢”，单是牛亦称“太牢”，此后数千年，“太牢”就成了历代王朝举行祭典的传统祭品之一。至今，沿横断山脉的云贵高原至泰缅高原的一些村寨部落，还有“宰牛节”的遗风，其中保留了不少上古祭仪的细节。

炎黄以前，氏族部落人口不多、范围较小，氏族间的交往也并不频繁，社会矛盾并不突出。每个部落，都各有属于自己本部的信仰、图腾，都各自通过本部族的巫觋通天祈地。因此，各部族对天命神意都有各自的诠释，而且各具本部族的道德规范、风俗习惯。这是一个意识形态多元且无中心的极漫长的时期。著名的氏族，或是“以云纪”，或是“以火纪”，或是“以龙纪”，或是“以鸟纪”……可谓各有其神祇、各有其“天地”。

史前先民对自己的信仰秉持着高度的虔诚。在最高礼拜仪式的献祭中，他们从来不惜献上自己的创造、直至生命。例如，有些史前居民认为对地母最大的敬意就是献祭人牲，人血灌地，则可换得农作物的好收成。龙山文化时期，杀人献祭似乎比较常见，发掘所见有不少无头死者和多人丛葬，有的死者肢体残缺不全，大概就是杀祭遗存。在河南龙山文化房址居住面和墙基下，发现埋有儿童和成人，这是奠基时用的人牲。

不要以为这些人牲全都是被逼而为。依古代典籍的记载及民族学的调查，这中间绝不能排除有高尚献身的成分。

涿鹿之战以后，“天下为中”的势态清晰浮现了，上述那种多元无中心、各自固执自己信仰的状况，成为了趋向一元的历史大势态之严重窒碍。于是，宗教改革应运而生。

这场根本性的宗教改革，就是由颛顼、或是在“颛顼”这一“帝号”下的历史时期发动的，史称“绝地天通”。《史记》载：“帝颛顼高阳者，黄帝之孙，昌意之子也。”这名门之后的改革措施是：把以前传统祭祀天地的宗教圣山封闭起来，禁止祭司以下的巫觋自行通天祈地传达神意代天行事，规定“天地通”的权力唯有君主及其任命的祭司才拥有，并“命南正重司天以属神，火正黎司地以属民”。重与黎是人名，南正、火正当为那时大祭司的名号。对这两句话的传统解释是：由重负责与天沟通，黎负责管理“天下”群巫。但另有可能是：“司天”就是观测“天文”，“司地”就是制订历法（物候历），指导农耕节候。

从历史发展的角度看，这是宗教发展过程中具有革命意义的一大举措。

对日月的行度、岁实的长短等进行长时间的观测，一是为了农时，二是为了祭祀时在时间上有准确的计算，三是最重要的：探讨影响时政的神秘因素。天文历

↑《山海经》中之灵山十巫图。这当是颛顼绝天地通之前的南方巫觋。

←良渚文化玉琮上的神徽特写。羽冠神人御神兽的纹饰在良渚文化器物上屡屡出现，尤其是作为“天地通”的法器——琮和璧上多见。

法、水文地理在这时期开始被立为“官学”，由最高统治者掌管，再对治下统一发出有关指导性策令。我国后代谈天文、历法、算数的人，几乎总是一开始就说到南正重和火正黎。

颛顼之后的帝喾时期，由“中央”管理的天文历法计算有了明显进步，“历日月而迎送之”，“能次序三辰（日月星）以治历明时”，到了尧时，“期三百有六旬有六日”，大约就是重黎及其后人积累了长期的观察而得到的结果。

颛顼时代另一重大改革举措，就是把以图腾命名职官的传统，改为“为民师而命以民事”，即以民事纪名。一直以来，各部族的图腾都隐藏着本氏族有关神、有关神思的抽象概念，寄附着先祖及本氏族历史等的记录与观念的“密码”。各部族的巫觋，就是承传及诠释这“密码”的最权威的知识分子。以民事纪名取代图腾纪名，就等于把后来的人格神及世俗化了的宗教观取代寄附于图腾上的本原的宗教文化传统，把各部族原先的宗教文化传统渐渐淡化、改造，统合到意识形态领域的“天下为中”之一元格局中。

←汉砖上的“帝颛顼”造像／世界史上宗教改革几乎无不伴随暴力或战争，颛顼的“绝天地通”也未能免俗。《国语·周语》记载，颛顼征伐南方“九黎”，不仅掠夺其财富，还捣毁其祭坛，再派重与黎去专门控制通天地，改变“九黎”族人原先的信仰。《山海经》中存有记载颛顼子孙多为鬼魅凶邪的文字，可能就是失势的南方巫师对当年征服者颛顼的诅咒。

宗教改革之后，祭司外的巫觋还是存在的，但只限于在民间活动，从事通灵驱鬼、占卜问吉、治病求福等生计，变成了“处江湖之远”的一个阶层。

从此，王权直接垄断了神权，奠定了此后历代帝王“天人合一”的古中国的政教格局。■

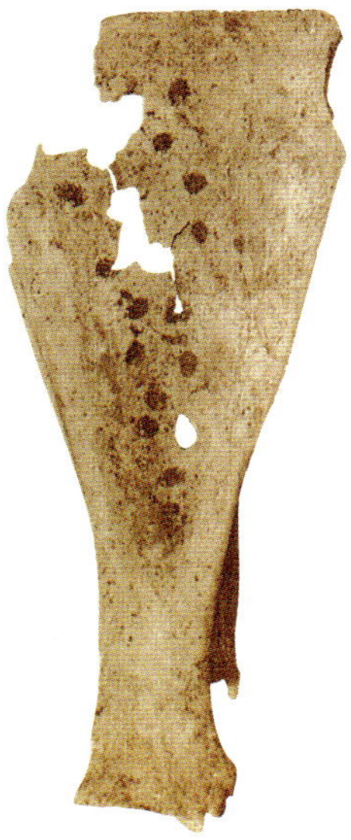

↑以动物肩胛骨占卜，迄今发现最早的是辽西的富河文化，距今约6000年。到龙山时代，骨卜才流行于各文化区。此胛骨可明显看到占卜时的火灼痕。

↓湖南高庙文化陶罐肩部星象文。

←江苏连云港将军崖星象图岩画／这里群峰环绕，几乎找不到一片平坦之地，唯独在马耳峰南麓，有一片直径30～40米的地方，相当平坦，好似山岩中天工修造的一处祭坛。星象图，就刻在这片岩石上。据研究报告说，星图由左上至右下为一星带，“连成一条长达6米多的带状星云图案，中间又用短线把画面分成四节”。整个图近似鸟形，故有研究者称为“鸟像星象图”，应和着东夷少皞的“以鸟纪”之图腾云。（见陆思贤《神话考古》）

祭司…………

上古知识殿堂的掌钥人

←↓汇观山良渚文化祭坛／祭坛东西长约45米，南北宽约33米，红土（紫砂泥）祭坛平面挖沟填筑灰色黏土形成灰土方框，从而构成内外三重土色。祭坛西南却打破灰土方框、嵌入墓穴两座，是目前所知墓坑规模最大的良渚墓葬。该墓棺椁齐备，随葬陶石玉多类器皿共72件（组），其中仅石钺即有48件之多。图左的中上处为祭坛附近的大型聚落。（张孝光先生复原绘制）

［附图］祭坛西南角打破灰土方框嵌入的两座墓穴剖视图。

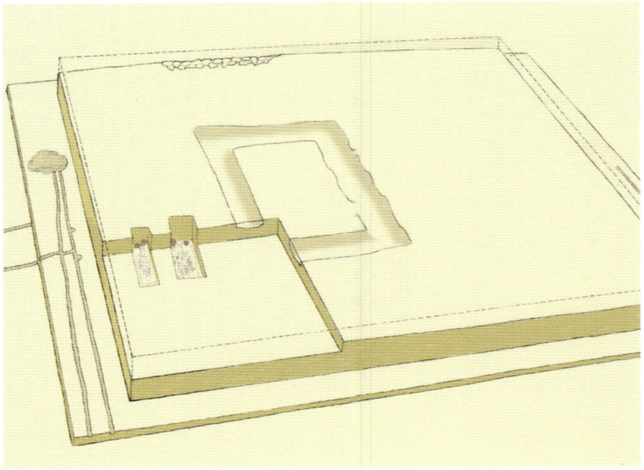

↑陶罐上的太阳纹饰。

↑月亮纹（上）、日晕纹（下）／均据大河村出土彩陶残片纹饰摹绘。

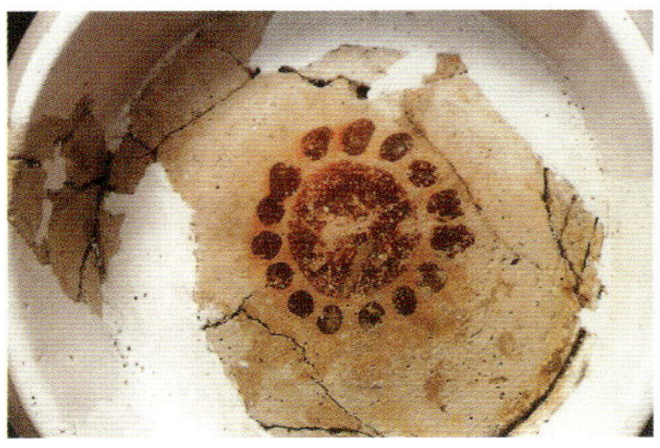

←湖南高庙文化白陶簋外底彩绘太阳纹。

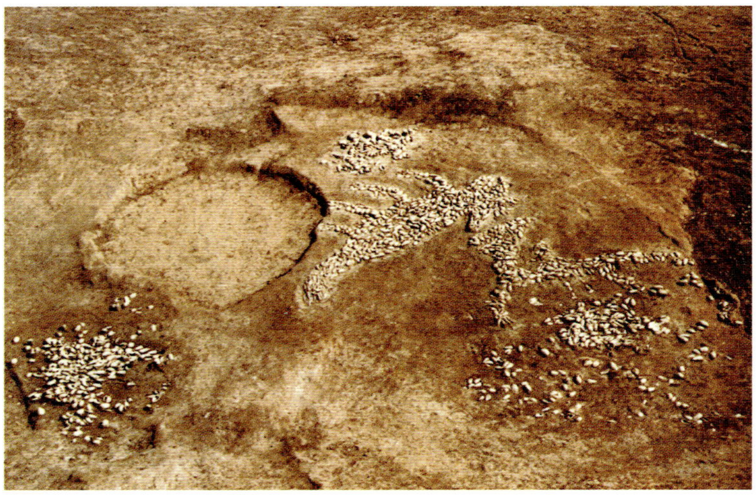

↑河南濮阳西水坡仰韶文化墓葬遗址／巫师升天入地的作业有灵兽为助手，如龙、虎和鹿等。

↑濮阳西水坡墓葬的另一遗址／据考证，蚌塑图案组成了一幅龙虎二象北斗星象图，构图完整。墓中的殉人分别象征春分神、秋分神和冬至神。

↑山西陶寺遗址的古观象台遗址发掘现场。

↑安徽含山出土的史前四面八方纹饰玉版，当为八卦图形的前身之一。

↑“迎日推策、立表测影”的大祭司／立表测影中所立的“表”，原称“髀”，本义是人腿骨。早期圭表高八尺，恰等成人身高。人类最初测影用的是人影。故有人将夸父追日神话解读为测量日影。
图中祭司，于太阳将升未升之时，在山巅的燎火前向天祝祷。

随着古国与方国的出现和成长，部族联盟的首领成了国君，政务军务日繁，再也不能事事亲为，便从原先的各部首领中选择精通传统礼祭的人来负责统筹祭祀天地祖灵的大事。于是，专职祭司就产生了。颛顼“绝地天通”时期的重与黎就是专职祭司。

顺延着漫长历史的巫觋传统，作为祭司，除了具备通天地鬼神的资格外，还必须具备当时所需要的所有社会与自然知识，是整个部族或整个国家的“灵魂工程师”、专职的文化官员。他们是古中国天文学、地理水文学、数学、哲学、文学、艺术等一切学科的奠基者。除了河图洛书太极八卦等，现今我们所知的一部洋洋洒洒、图文并茂的《山海经》，也是出自这些祭司（自然亦应包括其前不知凡几代的大小巫觋）手中的“通识”作品。

不过，祭司的神权从来没有超越王权，在最高的祭祀活动——通天祈地的大典中，始终是由王者、后来是由帝来主持的，祭司只能作辅祭。这是中国古代宗教的特点之一。祭司生前有崇高的社会地位，拥有较多的财产，死后也受到厚葬。在政治上，祭司是部落首领或王者的最高助手，参与决策。民族学方面的考察，也提供了祭司与巫风的“活化石”。

像云南西部佤族，在1956年以前还有巫觋，族人尊称为“窝郎”。“窝郎”历来由氏族长兼任，到了后来农村公社阶段，他们担任村长的行政职务，但仍是祭司，一身二职。“窝郎”住一所大房子，房顶有一木雕男裸像及两只木鸟。房门中央也雕一个男裸像。头间房的壁上挂着许多牛头，旁绘牛群。这是住宅，也是祭祀场所。“窝郎”主管村内的“重器”——木鼓，主持杀头祭祀，监督水利设施。

据考证，在我国新石器时代中期以前，还没有出现祭坛，氏族部落的祭祀典礼多选择他们认为具灵性的自然环境。普遍出现祭坛，是新石器时代晚期和金石并用时代，即距今5000年左近。

祭坛多建于山岳之巅或河海之滨，并以鸟虎鹰鹿马等形象作为与神沟通的灵媒。负责这种祭祀仪式的，早期是氏族部落中的大巫。大巫本身往往就是氏族首领。所谓“国之大事，唯祀与戎”，祀的地位还排在兵戎之前，故而氏族首领与大巫往往都是合二而一。古史传说中，从伏羲到黄帝，从颛顼到大禹都是合首领与大巫于一身。故而，巫行走的步态被称为“禹步”。后世道教法师行法时都须“脚踏禹步”。■

部族政治

礼乐初定与“禅让制”

↑陶寺遗址鸟瞰。

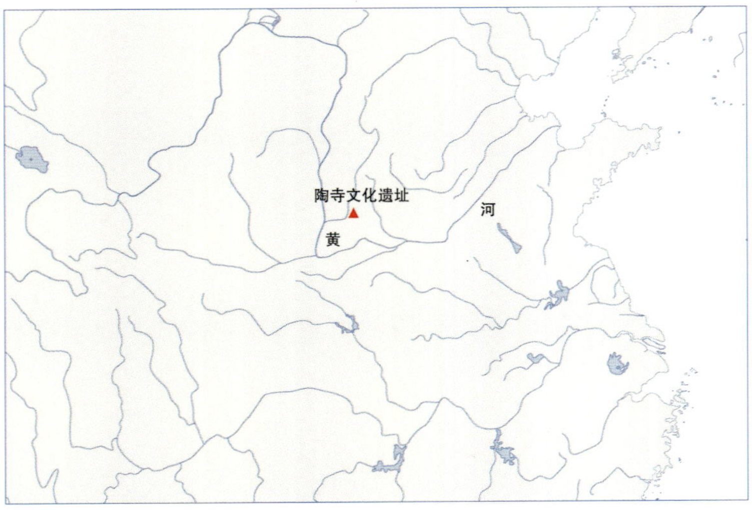

↑距今4000多年前龙山时代陶寺文化的遗址位置。

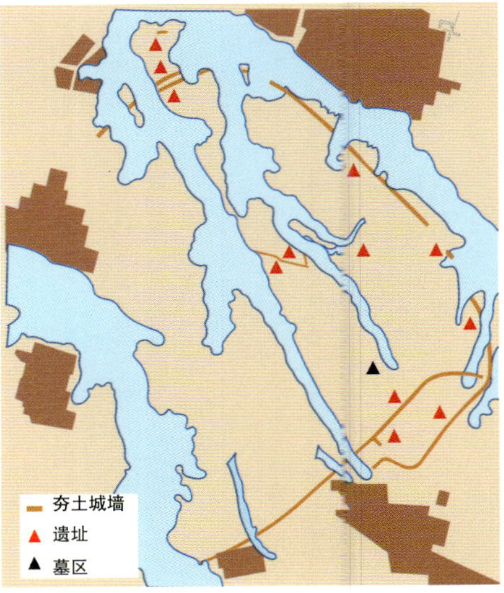

↑陶寺古城城垣简图／古城东南是一片3万平方米的大型墓地，分布墓葬数千座，距今4500～4000年。墓葬分大、中、小三个等级，为了解龙山时代中原的礼制和文明起源提供了珍贵的实证。有论者认为，陶寺古城应为尧舜时代的“国都”。

↑“禅让”的帝尧（左）帝舜（右）。

数百年间的战争、兼并、结盟……“天下之中”的大势态已然浮现。社会结构和人际关系变得越来越复杂了。黄河长江两大流域原先各古国、方国、酋邦的首领，此时在以“宗主国”为中心的联合体内，已不是原先那样的“一国之君”，但在本部族内，他们依然还具有悠久传统所赋予的权威，依然还有一批自己一系血亲的追随者。这些追随者中，有原先的宗教、军事、行政的要员，本来都是原部族中的贵族，但在新的“国联”格局中，当如何重新调整厘定他们的身份、地位，方可使这些人在新的社会结构中各安其位、各守本分而不至引起等级与关系的混乱？于是，“礼”便应运而生。

从考古发现看，距今4000多年前龙山时代的山西陶寺遗址，可见中国早期礼制形态之一斑。

从先秦文献所记载的传说时代看，尧以前，在东部地区就已经出现了一些“礼”的雏形，但未成体系。到了舜的时代，中国传统的“吉、凶、宾、军、嘉”五礼已具规模，称为“礼乐初定”。

而考古学所称的龙山时代，与文献学所称的尧舜时代是同一时期，这在学界是没什么太多异议的。

中国第一部字典、成于东汉的《说文解字》说：“礼，

↗打制的大石磬，山西襄汾陶寺遗址出土的礼器。

→河南舞阳贾湖出土的鸟肢骨笛，长20厘米。

←龙山时代的陶鼓，近一人高。

←陶寺遗址出土的铜铃。

↗陶寺文化陶鼓。

↑“国之大事，唯祀与戎。”祭祀，是向天地神明先祖的祈求与陈愿，属于礼乐“轨仪”的最高范式。上古帝王行大祭典礼，多择高山之巅或大河之滨。图为“五帝”后期大祭典礼场面的摹想。其时，祭仪中的方位序列等诸般铺排，当比“五帝”前期要严整得多。

履也。”就是说，“礼”是有身份的人必须遵守的规范和履行的责任。比如穿鞋，就必须合脚。礼是一种规格、一种等级制度，规定什么等级的人就佩什么样的玉器、穿什么样的衣饰、使用什么样的器皿、排列什么样的仪仗……又如男女：“颛顼之法，妇人不辟男子于路者，拂于四达之衢。”将男尊女卑以“礼制”确定下来。后来孔子批判季氏僭用“八佾”，发了大脾气。因为这种八人八列的舞队，仅属天子才可以用的仪仗，于是怒斥道“是可忍也，孰不可忍也！”

礼，是以一套外在的等级制度与礼仪规范去表达一套内在的伦理道德观念。借以维护血缘关系，区别亲疏远近，把贵族阶层中的个人、家庭、家族、宗族，都以一套礼仪制度、一种理念融和于以君王为金字塔顶的社会结构之中，意图在统治阶级范围内实现一个各方位、各层面都各安其所、和谐共处的“尊尊亲亲”的理想世界。

后来孔子说：“礼不下庶人”，可见“礼”原先纯然为贵族制定，无关乎平民百姓。

礼后来在西周得以系统化制度化，而对“礼”的大量引申和不厌其烦的诠释，使之成为人人必须遵从的准则，那则是孔子以后历代儒家学派的事了。

这是东方的、中国的、不同于西方的文明起点的显著特征。“礼”这一概念，至今在西方语文中还没有最贴切的译法。

“乐”，也包括“舞”，则是作为礼的一种最主要的外在表征。礼的功能在于“分”，乐的功能在于“合”，故合称为“礼乐”。乐舞最早用于娱神，是巫术祭祀的仪式，后来引申入礼。用乐必须有助于行礼，用乐即是行礼。

在传统史学中，“禅让”是尧舜禹以推举协商来交接最高权力的政治运作方式。它长期被作为古代社会的一种政治典范而传为美谈；少数人则认为这其实是为了掩饰武力“挟逼”夺权而放的烟幕；也有人提出，当时当首领并无额外好处，在原始共产主义时，权力是一种负担（因为包含太多的责任），让之唯恐不及。近代对此更是众说纷纭，否定者认为禅让说是墨家的伪托，因为尧舜的年龄不可能活到一百多岁；肯定者认为大致可信；也有不少史学家认为：原始社会氏族部落联盟首领实行推举制，“禅让”是其史影。近来有人认为两种情况都存在——既有相让，也有相争。

“禅让”是在不同的部族领袖间进行的，而不是任何身份皆可“让”之。从尧舜禹来看，尧禹都是强势部族的世袭酋长，舜虽然地位卑微，但也不是普通的部族成员，起码应是一个小酋长。从民族学材料看，初民社会同一氏族的继任领袖往往继承前任的名号，黄帝过百年、尧舜过百年，应是该氏族或家族若干代执政者的积年，也是实际上的世袭。

看来，“禅让”只不过是古代权力继承方式其中的一种，而且未必是处于主流位置。■

↑彩绘蟠龙纹陶盘，山西襄汾陶寺文化遗址出土。是山西龙山文化陶寺类型发掘中最富特点的文物。

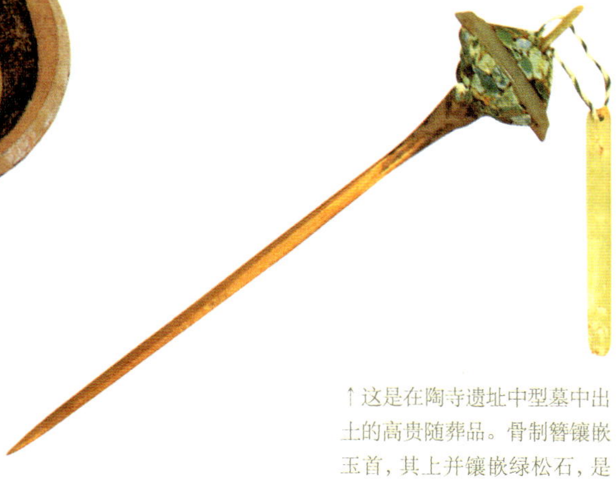

↑这是在陶寺遗址中型墓中出土的高贵随葬品。骨制簪镶嵌玉首，其上并镶嵌绿松石，是陶寺出土骨簪中最精美的。

仓颉造字 ……………

史前文字及首次规范化

↑柳林溪遗址陶器刻画符号拓片。

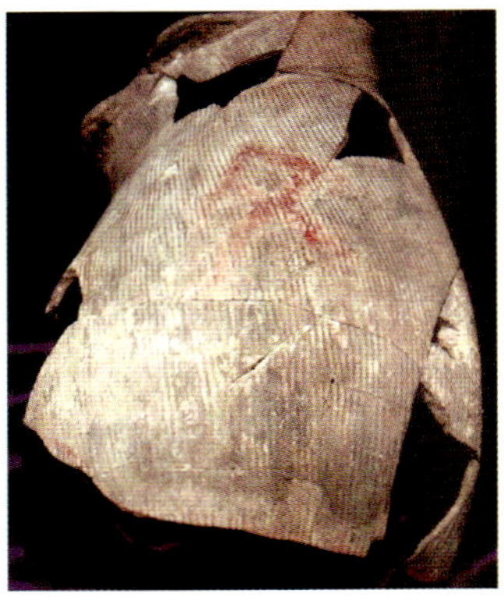

↑山西襄汾陶寺遗址出土之写有文字的陶器。是迄今中国境内发现的最早的书写文字。

↑刻符石器。

文字的产生是人类社会在本质上演进的又一个里程碑，故而，也曾流行过“文字是人类从野蛮跨入文明的标志”这种观点。

就中国文字而言，所谓“上古结绳而治，后世圣人易之以书契，百官以治，万民以察”（《易·系辞》）——它一开始，就与“治”、即与天地先祖神灵的告诫以及统领人们思想行为的意旨有着直接的关联，而并非现今“常识”所认为的，是表达及记录劳动言语的工具。

从考古看，河南舞阳贾湖遗址发掘出了距今8000年的甲骨契刻符号，与殷墟甲骨文某些字形相近。陕西一带出土的一些彩陶上，共发现684种刻划符号，有的符号单独出现，有的则反复出现数次。距今5000年前后的大汶口文化晚期，出现了与甲骨文接近的方块形符号，形态规整，有的施彩，分布在千里之内，说明它是在一定范围内通行的表意符号。到了距今4500年前后的龙山文化时期，则出现了与甲骨文相近的陶文，如山东丁公龙山文化的陶文，论者多认为是早期的象形文字，惜至今尚未能解读。

我国发现类似刻符的还有不少遗址，三峡、闽台等地的遗址中也发现少量刻划符号，但与北方迥异，应源于另一个原始文化系统。这说明不同文化区大体都各有自己使用的一套表意符号。

值得注意的是，中国文字从陶文到后来的殷商甲骨文，都出现在彩陶、卜骨、鼎等神器之上，具有一种凛然至尊的宗教属性，这种属性一直伸延至近代“敬惜字纸”的民俗观念。由此可见，中国文字产生的原因，并

↑内蒙古三座店石城陶鬲足上刻的“字符”。

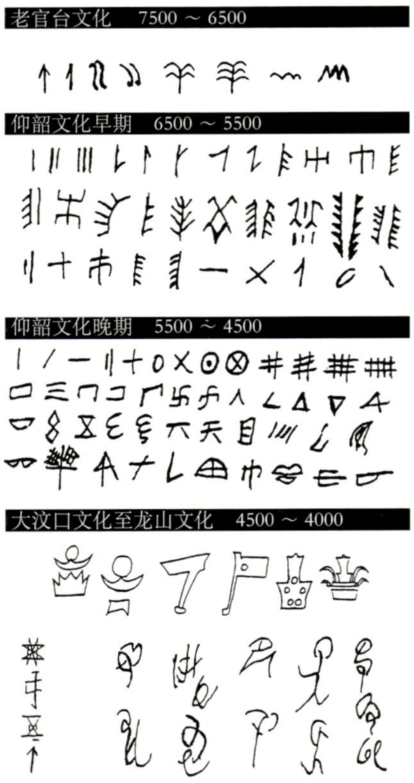

↑中国史前器皿上一些刻划符号的摹本。

↑大汶口文化陶尊／山东省莒县出土，这陶尊是盛酒的祭器。

↑此为著名的山东龙山文化丁公陶文。论者多认为是早期象形文字，但至今尚未能解读。

←河南舞阳贾湖墓地中随葬的龟甲，在龟甲背上刻画符“卍”，应为占卜记事的一种形式，是商朝甲骨文的前身。

↑上古传说有仓颉造字时"天雨粟，鬼夜哭"之语，后世对此语的诠释可谓众说纷纭。但可以肯定，文字的出现引至了惊天地、泣鬼神的历史巨变，其力量有如冲开浓云重雾直投大地的阳光，人类活动新纪元的大门隆然开启了。

↑汉砖上的"仓颉造字"像。图中粟在头顶，鬼伏身侧。

↑浙江良渚文化的刻文陶器。经考证，其上所刻符号已接近象形文字。

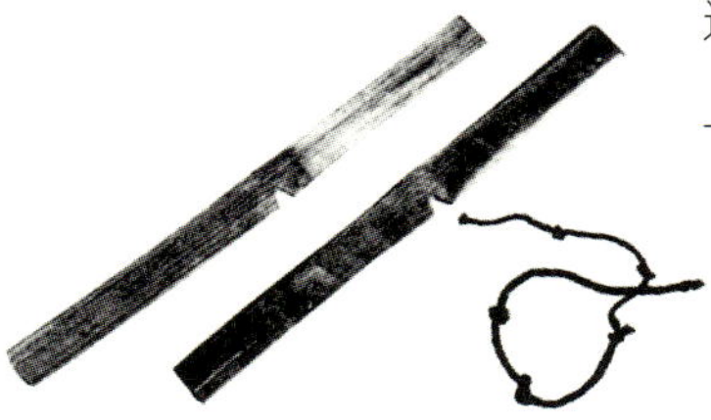

↑结绳记事与刻划记事的近代遗存。个别尚处原始状态的部落至今仍在使用。

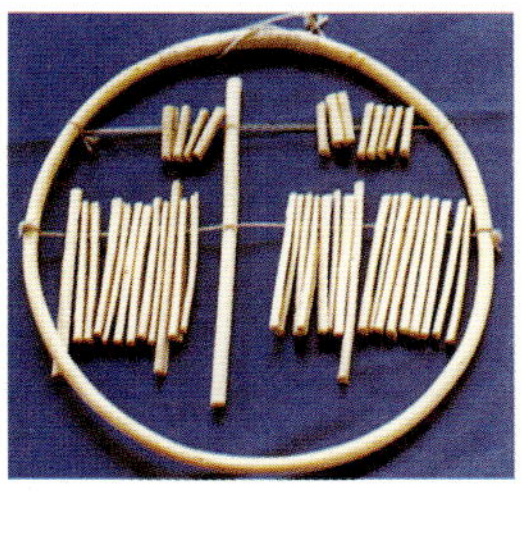

←原始"挂历"／这是东北诸族早期共用的记日牌，如同今天的挂历。它的记日方法是：上层12根桦木棒代表月份，从右向左拨，左边有几根木棒就是几月份，下层是日期，有30根木棒（不设31根，说明记的是农历），每10天用一根长的木棒表示"旬"，图中表示为四月十三日。

非在于作为一种日常用语的记录，而是作为一种人与神之间沟通的媒介而仅由巫及祭司所掌控应用，它具有与原始图腾相类的神圣功能，或者说，它是图腾内所蕴含的"密码"在某种程度上的展现，是图腾内涵更翔实、更具细节性的延伸。

颛顼宗教改革后，"绝地天通"之权集于"中央"，自然，主要用以记录及传达天意神旨的表意符号也必须相应由"中央"作出规范，以免"文"出多门，产生歧义，造成"治"的失序。于是，制定一套可令原先各古国方国都能领会的新表意符号就势在必行了。所谓"仓颉造字"，看来是史前文字首次规范化的史影。

以上属于从考古学角度作出的逻辑推论。

在中国古代神话传说里，仓颉是黄帝时的史官，创造文字之时，天上下起粟米、地下鬼灵痛哭。这象征着中国文字实行统一规范时所具有的"惊天地、泣鬼神"、万象为之一变的非凡意义。而把"仓颉造字"归之于黄帝之时，看来是后世为了加强文字权威而作出的附会。

龙山时代以降，"万国"间频密兼并往来，交流范围迅速扩大，原先人神沟通的表意符号就被引申至国与国上层社会的信息交流之中。但要使一种表意符号能在"万国"之间流行通达，就必须有一种万国服膺的权威力量通过行政手段对原先万国各自表述的原初表意符号予以统一，就这样，"万国"之间流通于统治阶级的"国际通用文字"出现了，这就是初始的中文——一套并非记录话语，而是凌驾于话语之上的、主要用以表意、记事、状形的文字系统。我们现在看到的商周甲骨文应是成熟了的"国际文字"，之前的陶刻符号可能是区域性表意符号，但这之间是如何过渡，具体在什么时候，是否确切地由"仓颉"受命编撰统一文字？这都有待于考古学方面提供进一步的实证。

中国"文言"这套基本上不是表达口语的文字系统，此后便一直置身于"庙堂之高"处，成为一种权力因素而为统治阶级所掌控，与国家暴力并驾齐驱，用以通神、记史、定律、制衡、录天文、堪地舆、布政令、施教化……文字发展到以后的科举，依然与"礼"一般"不下庶人"，如要脱去布衣，披上儒服，晋身"准统治阶层"，那就非要付出"十年寒窗"的代价去掌握文字不可。文字，仍是统治阶级"治"的专利。

中国文字这种迥异于西方的权威性，直至20世纪帝制终结、民权开悟后方始式微。■

↑此为云南纳西族的东巴文，至今东巴祭司们尚在使用。

统合与权霸

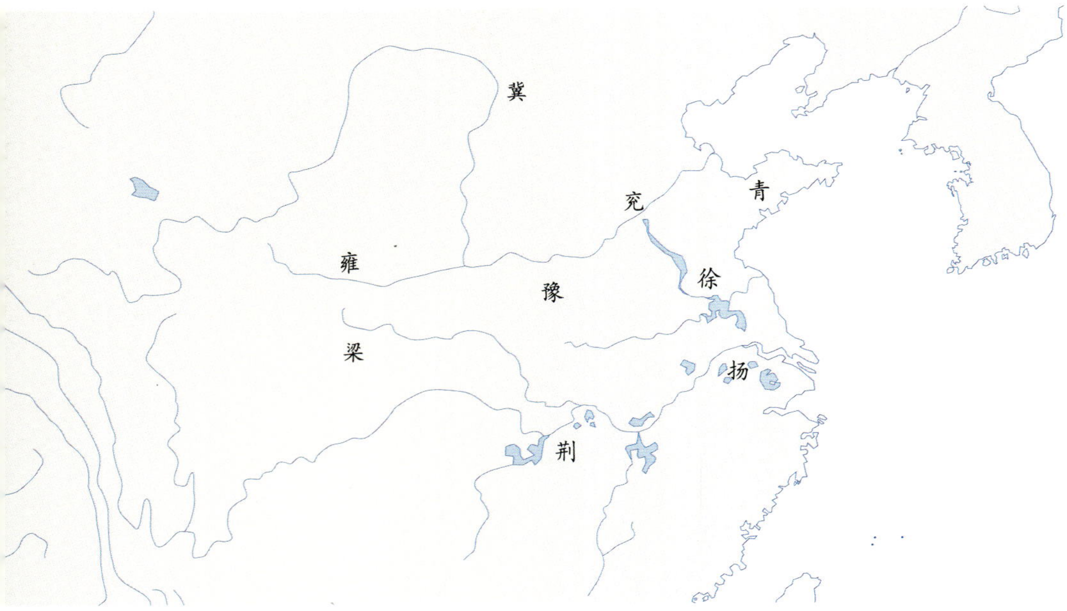

↑“九州”在现代中国版图上的大致分布。

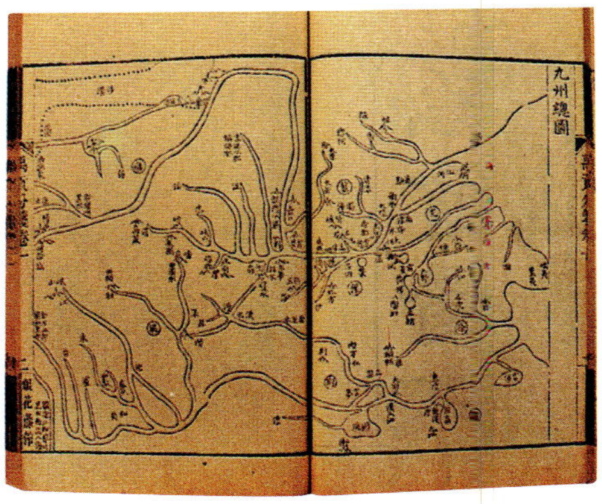

↑古代的《禹贡九州总图》。

现代天文学研究表明，地球自然环境变化的基本原因，在于太阳活动的变化以及地球、太阳与其他天体在宇宙中复杂的自我运动和相对运动所产生的引力效应，其中，太阳系除地球外的八大行星全运行至地球一侧，形成“地心会聚”（或称“九星联珠”）的天文现象，对地球环境的影响最大。如果这一天象出现在冬半年，且九星的扇形分布小于地心张角70°时，地球上的冬季将延长，气候转为干冷，自然灾害相对频繁；如果小于地心张角47°，则气温降幅更大，并伴随冻害、干旱、洪水、地震、雹灾集中出现的“灾害群发”现象。据专家推算，距今4000年前后的公元前2133年、前1953年及前1774年，曾出现三次九星地心会聚的天象，且与地心张角都小于70°；尤其后两次，张角都小于47°，发生的时间相隔不过短短的179年间，导致地球表面连续出现“灾害群发”的剧烈变异，使当时已高度繁荣的人类文化遭受持续数百年的重创。

中亚农业文化败落和草原民族兴起，印度早期文化衰亡，史前文化相当发达的古撒哈拉草原演变为世界最大的沙漠……这都在那数百年间出现；还有，古代世界中对于大洪水的各种传说，看来都与此有关。

中国此时处于古史传说中显得相对清晰的尧舜时代。

根据古地理学的考证，黄河以前曾流经苏北平原入海，此际它突然改道扭身北向，漫过华北平原中部、狂奔渤海而去，所经之处，但凡低地平原皆化为一片汪洋，

↓大禹治水是规模空前的“国际”水域疏浚工程，必须具备相应的信息交互、测量计算、运输起重等诸般应用技术，而绝非一味的“人海战术”就能应付得来。现今唯可确定的是，轮子杠杆等技术都生发于新石器时代，尤以晚期“五帝”时，亦即考古学上所称之“龙山时代”为盛，这些发明应用在当时发挥至何种境地，恐为我们现代人所推想不及。画面右下方摹想了一套滑轮吊运牵引索道及相匹配的大型起重装置，这在“五帝”末的先夏想来已是完全有可能的了。

↑清乾隆“大禹治水”大型玉雕之细部。

↑帝禹的汉砖造像。

↑汉代的“大禹治水”石刻。

连年浊浪排空，汹涌不退。

这次黄河改道，阻断了河北山东一带海岱地区走向文明的历史步伐，无数先民的家园被毁，亲人亡散，流离失所。

古史传说，尧帝派鲧去治理洪水，鲧让各部落、各国采用“水来土掩”的办法各自堵截，治水神话中就是偷天帝的“息壤”去堵截洪水。结果，更造成积洪东奔西窜。鲧治水失败，被尧帝处死。继尧执政的舜，派鲧的儿子禹去继续父亲未竟之业。禹觉悟到必须大规模疏导积洪、引黄入海才是根本的解决办法。但这是一项牵涉多个古国方国、多个酋邦部落的浩大工程，必须有跨地域、跨血缘的权威中心予以统筹，各国各族必须在统一的指令下密切合作才能达到目的。禹“劳身焦思，居外十三年，过家门不入”，终于说服（也不能排除某种程度上的“慑服”、“挟服”）了华夏的共工以及东夷的皋陶、四岳、伯益等不同部族的各方国古国与其合作，对受灾地区进行了系统考察，设计了可行的引洪方案，然后动员所有受灾的各方各国互相配合，终于把洪水疏导入海，使黄河温顺了1000多年。

禹在治水过程中，将原来不相统属、甚至互相敌视的族群纽结为可统一调配的力量，可见他的治水工程实际上已引申出一个跨“国际”的、其统治的深广度皆空前拓展了新权力中心及资源调配中心。

而这一中心的“推销”手段，又同时伴随着暴力与强制。且看，治水之后，古称“禹会诸侯于涂山，执玉帛者万国”，都赶来表达对大禹的尊敬与仰慕，只有防风氏消极怠慢，结果被禹杀掉。禹进一步以苗蛮不尊奉大联盟的神灵和领导为由，联兵征讨，经过多年征战，击溃了整个苗蛮部落联盟，湖北天门石家河古城遗存晚期显露出急剧增加的中原文化要素，就比较可信地反映了这一历史大势。

除治洪水、征三苗之外，禹还有“铸九鼎”、“列九州”之举，均见于《左传》等古代典籍。

据载，来朝的“诸侯”把他们所贡之“物”置于“九鼎”，这“物”可能就是象征信仰与权力的各族图腾，“物”被刻于鼎上，表示他们服膺“主宰”、奉禹为中心结成一元政体。从此，“鼎”这件本来用以烹食的器皿，在上升为礼器之后，更进一步被赋予“意志纪念碑”（intentional monument，居美华裔学者巫鸿语）的性质，成为可被占有的最高统治权力的象征。谋取之，即称为“问鼎”。

赫赫文治武功，使大禹树立了无人匹敌的威望，而这种威望与恩泽也已延续到他的家族身上。新时代呼之欲出了。■

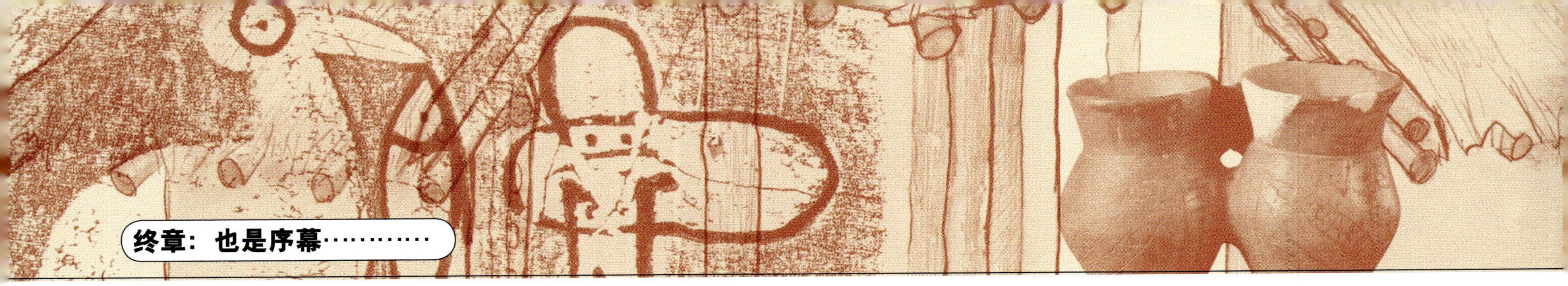

东方的连续文明

世界著名考古学家张光直，在对世界文明进行了比较研究后提出：就世界范围来看，文明的产生，即从原始社会向阶级社会的转变存在两种基本方式：一种以人与自然关系的改变为契机，通过技术的突破，通过生产工具和生产手段的变化引起社会的质变；另一种则以人与人之间关系的改变为主要动力，它在生产技术上、在人与自然的关系上并没有本质上的突破，而主要是通过政治权威的建立与维持而开创一个新的时代。中国－玛雅文化连续体属于后者的代表。

张光直的研究，是基于对世界文明进行比较的宏观视角，而具体到中国，似尚有更深层的东西值得挖掘。

中国文明起源的关键是政治权威的兴起与发展。政治权威初兴，主要并非依仗武勇强悍，而是凭借在族群中所踞有的伦理与道德的高度、人格魅力及公信力，唯此，方能成就其作为天地神灵先祖意志诠释者的条件。

夏商周及之前“国之大事，唯祀与戎”，宗教与暴力一相结合，就成为政治权力的双杠杆——宗教诠释暴力的合理性，暴力维护宗教的权威性，政治权威一旦得以确立，生产力与生产工具便自然而归附之。

政治权威的更迭，必须呈示其更迭的宗教与道德上的合理性，即是否全符“天意”，这在商周鼎革之时被称之为“革命”，人与自然的关系，在“革命”间并没有改变，技术没有突破，生产工具和生产手段基本没变，新政治权威的建立，只改变了人与人之间的关系，新制度进入旧模式，新观念由旧观念所衍生。故而，每一个新时代都透显着旧时代的底色，层层相承；若予以层层剥揭，可直溯史前。

这就是“东方连续性文明”的特质。

另外，地理环境是人类出演历史剧的舞台，演员不能超离自身所在的舞台而演出。

古希腊哲学家亚里士多德在《政治学》中指出：自然环境对人的性格、精神面貌以及人类社会的性质起着举足轻重的作用。他说，寒冷地区各民族“精力充沛”、“富于热忱”，但“大都拙于技巧而缺少理解”；气候炎热地区各民族“多擅长技巧，深于理解，但精神卑弱，热忱不足”。

已故考古学家苏秉琦先生也以地理环境为基础，将我国早期古文化关系的格局划分为“面向海洋的东南部地区和面向亚洲大陆腹地的西北地区”这样的上半弧与下半弧的两大文化带。

从地理环境的角度看，上半弧的北方，大部分地势平缓，西部则沿着横断山脉间的河谷可直抵南亚、东南亚，这有利于文化交流、物质交换及人类种群的移动与迁徙。但自然屏障的缺乏，也容易招致碰撞与冲突，于是，他们只好就地缘关系组织起来加强攻击及防御的力量，国家就在这样的基础上生发起来了。由于以共同生产为基础的氏族意识浓厚，当某氏族或部落成了一个政治联合体的统筹决策者时，他们原先崇拜的祖先就可能上升为整个政治联合体成员共同的神。这种顺应久远传统、以“拟血缘”为联结纽带的政治联合体的祖灵崇拜，对于增强团体的凝聚力，无疑起着强大的精神作用。而生产上单户不便于生存的形态，更促成了部落内聚力强、组织性强、团体观念重等习性。在与自然的关系上，他们更重视人自身的力量。在精神信仰方面，更多地体现人的自身。在思想理论方面，则长于伦理与政治。这对于国家管理、阶级划分、社会分工以及制度建立等文明要素的产生，无疑起到了积极推进作用。

从东北沿海、山东半岛经东南沿海、岭南到云南的下半弧地带，河网、湖泊、平原、盆地、丘陵、低山相间，受到来自太平洋和印度洋季节气流的影响，气候湿润温暖，森林植被丰茂，适于人类的生产和生活，从山东到广东的近海及沿海地区是古今人文繁荣的主要区域。面向海洋的地区，对我国社会历史与民族文化特征的形成一直起着重要作用。这一区域有诸多文化共性，各文化之间亦存在不同程度的联系与影响，鸟崇拜和鸟生传说是环太平洋地区西北岸的一个独特的文化表征。沿海的岩画分布也是他们具有共同文化底蕴及联系的证据。早中期的玉器也正是这一地区的杰出贡献，而后才向西传播并影响了中原和西部。人殉的例子也更多发生在本区。人兽合体的图腾也是东部沿海的特点。但他们并不互相统属。他们之间的互相影响、作用应该重视，但总是第二位的。第一位的还是他们各自根据各自的基础发展。这也是他们区别于相对应的西北广大腹

地诸原始文化的特性。他们服膺自然力，崇尚自然神，即所谓“好巫鬼之风”。文化发达，技术高超，创造性强，被学者公认为上古南方文化丰碑的《山海经》，通篇呈现着对日月山川、风雷雨电、飞潜动植等诸自然神灵的崇仰之情；屈原的《楚辞》，也是以御龙乘凤的巫风描述为主体，颂河伯、歌山鬼，散发着山林幽谷、荇水荷风的浓烈大自然气息，洋溢着天马行空般的想象力。

南方地貌复杂，山川阻隔，交通不便，自然的障碍将众多的族群分割在不同的文化龛中。每一个文化龛的范围都不是很大，整体上形成了人口及社会剩余产品不易集中的状况。而水上交通只便于思想文化及物产的交流而不利于集结大规模的社会组织，同时也没有经常的外界威胁。因此，在原始社会解体的过程中，酋邦制的出现便已满足社会的需求，不必再向国家发展。促进北方民族团结整合的因素，在南方极其薄弱。沿海地区宗教上更多地崇尚玄渺无羁的自然神灵，思想理论方面所反映的“小国寡民”、“弃智绝圣”一类的主张，表现出对文明与国家出现的强烈排斥倾向。这种保守、自由放任色彩的文化基础，就是南方自然环境所产生的长期分散的家庭经济。

中国考古学家邵望平指出：大约在距今 5000 年前的中华两河流域的各文化区系差不多同时发生了大规模、大幅度的文化及社会巨变而迈进新的历史时代——龙山时代。这一时代大约跨越了 1000 年，其间又可以距今 4600 年为界，分为早、晚两期。这一巨变从考古学上最易观察到的是，不论是黄河流域还是长江流域的各个大小文化区系的陶器，都迅速变成以灰、黑陶及三足器、袋足器、圈足器为共同特征。尽管这些器类在各区系间存在形制、数量与装饰风格上的差异，但宏观地看，其间的共性较前明显增强了。这种文化面貌上的趋同现象不仅是各区系间文化交互作用加速、加强的结果，而且反映着各区系间经济大体同步地发展和社会结构大体同步地巨变。

龙山文化晚期的今日中国地域，在大小河谷的平原地带，分布着千千万万筑有方形或长方形的夯土城墙的城邑。每座城邑都有它的首领或统治者。有的城邑的首领只管自己那一座城邑，也有的城邑首领的政治势力范围能包括两三个或更多的城邑。每个统治者治下的城邑就形成一个或大或小的“国”。国邑之间，界限犬牙交错，控制与争夺生活资源的斗争空前激烈，战争不断，可谓“城头变幻大王旗”。

沿海与内陆两大区，依不同的文化特征再可分为几大分区，大区分区之间均有交融，而最深刻、最全面的两大集团，则实在于以东夷为代表的东部和以华夏为代表的中西部，文献中，上古历史的基本核心是东夷与华夏，交汇于我们今天称之为中原的地方。

作为中国文明象征的龙与凤是史前时代就已经出现的两大图腾。西部及东北即上半弧文化圈多见龙形，东方与东南地区即下半弧文化圈则多见鸟形，两者的分域还比较清楚。文化体系上，则可以神话为表征予以区分——即已故著名历史学家顾颉刚所说的两系神话——昆仑与蓬莱。

总的来说，远古历史内容的主体由华夏与东夷构成，华夏组织性强，构成政治组织上的主导，东夷文化发达，在文化的内容与份额上占优，其融合的前提是东夷必须服膺华夏的社会组织模式，不愿服膺的则被逐南下，古史传说中黄帝与蚩尤之战的结果，以及东夷颛顼的“绝地天通”，分别从反、正两个方面为这一原则作了注脚。

至大禹时，通过治水，华夏东夷的联系进一步增强，大禹将“万国”的国力加以统筹，树立了无人抗衡的权威。古称大禹治水后“会诸侯于涂山，执玉帛者万国”，初步形成了“万国”服膺于“中央王国”的基本格局，中原，此后便成了角逐“中央”统治权力而必须“问鼎”之地，“中国”亦由此进入夏商周时期、即史称“三代”的“黄金时代”。

但这并不代表说，除华夏东夷之外其他部分没有历史或说其历史不重要，而是他们在核心主体构成时没有起到高屋建瓴的作用，或者，他们更多是通过华夏或东夷而起间接作用——东北东南等地似乎更多是通过影响东夷在起作用，西部等地更多通过影响华夏在起作用。这种互动势态，基本上贯彻了唐末契丹兴起以前的中国文明史。■

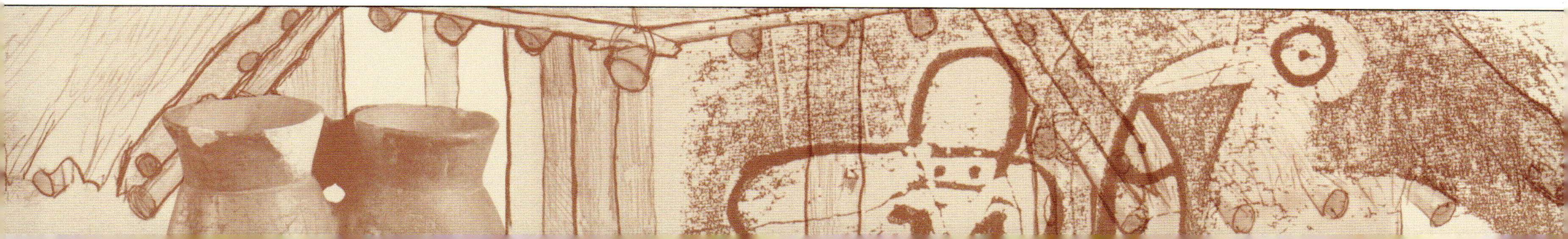

【附录一】 中国考古学文化区系简表

区系 / 年代		以燕山南北长城地带为重心的北方				以山东为中心的东方			以关中、晋南、豫西为中心的中原				
		内蒙古中南部		辽西	辽东	胶东	昌潍	泰沂	陇山西（属北方）	陇山东	宝鸡至陕县	陕县至洛阳（晋南）	洛阳至郑州
距今		河套	河曲										
10 000													南庄头
8000				查海　兴隆洼				后李		大地湾（下）	北首岭（下）　老官台		磁山　裴李岗
7000	新石器时代				新乐下层　小朱山下层　后洼下层		西南庄	西桑园　北辛　王因（下）					大河村（下）
6000				赵宝沟文化　红山文化　富河文化		白石（下）北庄		大汶口早	仰韶文化	仰韶文化		**仰韶文化（半坡类型、庙底沟类型）**	王湾一期
5500			**仰韶文化（庙底沟类型）**		小朱山中层　后洼上层	杨家圈		大汶口中		石岭下			王湾二期
5000		阿善二期		后红山文化　（小河沿）				大汶口晚	马家窑文化（半山马厂）			**后仰韶文化（庙底沟二期）**	
4500	—							**桐林丁公**　龙山文化			**客省庄二期文化**	陶寺文化	王湾三期（龙山文化）
4000		阿善三期	朱开沟（一至五期）	夏家店下层文化	小朱山上层　北沟			岳石文化	齐家文化			二里头（夏文化）	
3500	青铜时代				高台山文化				**先周**			商文化	
3000	—			魏营子　燕文化				**齐鲁文化**	**先秦文化**			晋文化	
2500	铁器时代			夏家店上层文化									
2000													

（苏秉琦《中国文明起源新探》）

以环太湖为中心的东南沿海						以环洞庭湖与四川盆地为中心的西南部		以鄱阳湖—珠江三角洲为中轴的南方	
苏鲁豫皖交界	宁镇	苏北	杭嘉湖	宁绍	浙西南	江汉平原	四川盆地	江西	广东
			马家浜文化	河姆渡文化（下层）		彭头山、石皂（下）、城背溪		仙人洞（下）、仙人洞（上）	西樵山、玲珑岩、前石峡
青莲岗	北阴阳营（下）、薛家岗		崧泽文化			下王岗、青龙泉（下）、关庙山、红花套、大溪文化、屈家岭文化	三星堆（底层）		石峡文化（下文化层墓）
尉迟寺			良渚文化				三星堆一期	筑卫城（下）、山背（下）	
二里头文化	北阴阳营（上）	后良渚文化（古吴越）（马桥）				青龙泉（上）、石家河文化	三星堆二期	筑卫城（中）	石峡中层
		吴	越文化			盘龙城、楚文化	十二桥、三星堆窖藏、巴蜀文化	磨盘墩大王岭、吴城	石峡上层

【附录二】 中华史前文明与世界各大古文明对照简表

年代（距今）	古中国	地中海 / 爱琴海	古埃及	美索不达米亚	古印度
7000	大地湾文化 河姆渡文化		农业生产在尼罗河谷出现。人口由黑人、高加索人及地中海人混居组成	农业生产者在苏美尔定居	
6500	仰韶文化（半坡期）				农业生产者在印度河流域定居
6000	大汶口文化（早期）	农民在克里特岛上定居			
5500	红山文化 大汶口文化中期		进入文明时代，使用象形文字。 约公元前 3100 年，美尼斯国王统一上下埃及，统治者称“法老”	发明轮子、修建最早的城市，通过贸易发展出城邦，史称“苏美尔文明”。 发明图画文字。 使用楔形文字	
5000	良渚文化 大汶口文化晚期 马家窑文化				农业与贸易促成了城邦的出现，发明了文字，史称“哈拉帕文明”
4500	庙底沟二期文化 龙山文化 陶寺文化 石家河文化	开始出现城镇			
4000	二里头文化	修建起最早的宫殿，使用象形文字，史称“米诺斯文明”。 在最兴盛时期，遭希腊半岛的迈锡尼人入侵，文明逐渐消亡	约公元前 1720 年，驱逐了入侵的喜克索人，进而四出侵占邻国，建立起庞大的埃及帝国	阿摩利部落入侵，分裂成许多小国，后成为巴比伦王国的一部分	文明衰落，雅利安游牧部落入侵
3000					

※ 本表以英国《尤斯伯恩彩图世界史 · 古代世界》中之“重要日期”简表为基础整理

参考书目

《中国现代学术经典·李济卷》，李济
《中国文明起源新探》，苏秉琦
《中国通史·远古时代卷》，苏秉琦主编
《考古学文化论集》，苏秉琦主编
《中国古史的传说时代》，徐旭生
《古代中国考古学》，张光直
《中国考古学论文集》，张光直
《中国文明的形成》，张光直、徐苹芳主编
《中国文明的起源》，夏鼐
《人类与文化》，童恩正
《史前考古论集》，严文明
《农业发生与文明起源》，严文明
《稻作、陶器和城市的起源》，严文明、安田喜宪主编
《中国原始社会史》，宋兆麟
《新中国考古五十年》，文物出版社主编
《新中国的考古发现和研究》，中国社会科学院考古研究所
《中国古代文明与国家形成研究》，李学勤主编
《中国考古学》，张忠培
《古史的考古学探索》，俞伟超
《考古学是什么》，俞伟超
《中国史前考古论集》，王仁湘
《中国考古学通论》，张之恒主编
《中国文明的起源问题》，〔苏〕瓦西里耶夫
《远古以来的人类生命线：一部新的世界史》LIFELINES FROM OUR PAST：A NEW WORLD HISTORY，斯塔夫里阿诺斯 (Leften Stavros Stavrianos)
《中国文明起源研究要览》，中国社会科学院考古研究所
《蒙文通文集》，蒙文通
《中国文明起源的人地关系简论》，宋豫秦等
《当代国外考古学理论与方法》，中国历史博物馆考古部
《考古学的历史·理论·实践》，中国社会科学院考古研究所
《考古学与二十世纪中国学术》，沈颂金
《剑桥插图考古史》，保罗·巴恩主编
《中国民族文化源新探》，徐良高
《追寻五帝》，郭大顺
《中国早期国家》，谢维扬
《东方文明之光》，徐湖平主编
《混沌初开：中国史前时代文化》，张征雁
《中国文明起源的比较研究》，王震中
《中国原始文化论集》，田昌五、石兴邦
《原始社会：东方的曙光》，赵春青、秦文生
《走出疑古时代》，李学勤
《虞夏时期的中原》，董琦

《二十世纪中国百项考古大发现》，考古杂志社
《中华人民共和国重大考古发现》，宿白主编
《华夏文明史图鉴》，中国历史博物馆
《图说中华五千年》，中国历史博物馆
《中国通史（彩图版）》，戴逸、龚书铎主编
《1998 年中国重要考古发现》，国家文物局主编
《1999 年中国重要考古发现》，国家文物局主编
《2000 年中国重要考古发现》，国家文物局主编
《2001 年中国重要考古发现》，国家文物局主编
《2002 年中国重要考古发现》，国家文物局主编
《2003 年中国重要考古发现》，国家文物局主编
《2004 年中国重要考古发现》，国家文物局主编
《2005 年中国重要考古发现》，国家文物局主编
《2006 年中国重要考古发现》，国家文物局主编
《2007 年中国重要考古发现》，国家文物局主编
《2008 年中国重要考古发现》，国家文物局主编
《2009 年中国重要考古发现》，国家文物局主编
《2010 年中国重要考古发现》，国家文物局主编
《2011 年中国重要考古发现》，国家文物局主编
《2012 年中国重要考古发现》，国家文物局主编

《考古精华》，中国社会科学院考古研究所
《中国少数民族文化史图典》，陈高华等主编
《中国十年百大考古新发现》(1990～1999)，李文儒主编
《人类文明史图鉴》，美国时代生活公司
《古代文明》，布朗丛书公司

《考古琐谈》，李济
《考古人类学随笔》，张光直
《考古探秘》，李伯谦、徐天进
《入山与出塞》，李零
《趣味考古》，叶文宪

《中国远古人类》，吴汝康等主编
《中国人口史》（第一卷），葛剑雄
《体质人类学》，朱泓
《人类地理学概论》，曾昭璇等
《中国礼制史》，陈戍国
《中国古代服饰史》，周锡保
《先秦民族史》，田继周
《中国古代建筑史》（第一卷），刘叙杰主编
《匠学七说》，张良皋
《建筑考古学论文集》，杨鸿勋
《宫殿考古通论》，杨鸿勋
《冰清玉洁：中国古代玉文化》，古方
《远古至先秦绘画史》，李松
《中国古代音乐史（插图本）》，余甲方
《中国原始艺术》，吴诗池
《中国岩画》，盖山林
《剑桥插图史前艺术史》，保罗·巴恩主编
《汉武梁祠画像考》，（清）瞿中溶著，刘承幹校
《中国机械工程发明史》（第二编），游战洪
《理论语言学：人文与科学的双重精神》，李葆嘉
《符号·初文与字母：汉字树》，饶宗颐
《解字说文：中国文字的起源》，郑若葵
《中国古代交通图典》，周成
《西南丝路：穿越横断山》，邓廷良
《中国科学技术史论文集》，吕子方
《人文晨曦：中国彩陶的文化读解》，林少雄
《远古神韵：中国彩陶艺术论纲》，程金城
《地母之歌：中国彩陶与岩画的生死母题》，户晓辉
《破译天书：远古彩陶花纹揭秘》，蒋书庆
《中国古代天文文物论集》，中国社会科学院考古研究所
《天文考古通论》，陆思贤、李迪

《中国北方考古文集》，张忠培
《北方考古论文集》，田广金、郭素新
《中国北方地区新石器时代文化研究》，韩建业
《中国西北地区青铜时代考古论集》，水涛
《龙出辽河源》，郭大顺
《海岱区先秦考古论集》，高广仁
《胶东半岛贝丘遗址环境考古》，中国社会科学院考古研究所
《长江文明的曙光》，严文明
《长江中游史前文化结构》，孟华平
《中国东南土著民族历史与文化的考古学观察》，吴春明
《长江中下游地区史前聚落研究》，张弛
《浙江考古精华》，浙江省文物考古研究所
《河姆渡文化新论》，王慕民、管敏义
《中国 5000 年文明第一证：良渚文化与良渚古国》，周膺、吴晶
《中国西南民族考古论文集》，童恩正
《古代的巴蜀》，童恩正
《云南考古》，汪宁生
《中亚文明史》第一卷 (HISTORY OF CIVILIZATIONS OF CENTRAL ASIA · I)，〔巴基斯坦〕丹尼、〔俄〕马松主编
《剑桥东南亚史》，〔新西兰〕尼古拉斯·塔林主编
《中国青铜时代》，张光直

《事物的起源》(THE ORIGIN OF THINGS：A CULTURAL HISTORY OF MAN)，〔德〕利普斯 (Julius E.Lips)
《原始文化》(PRIMITIVE CULTURE)，〔英〕爱德华·泰勒
《人类学》(ANTHROPOLOGY)，〔英〕爱德华·泰勒
《中国各民族原始宗教资料集成》，吕大吉、何耀华总主编
《中国古代宗教与神话考》，丁山
《中国风俗通史·原始社会卷》，宋兆麟
《巫觋：人与鬼神之间》，宋兆麟
《中国神话传说》，袁珂
《中国古代神话》，袁珂
《山海经校注》，袁珂
《全像山海经图比较》，马昌仪
《山海经的文化寻踪》，叶舒宪、萧兵、郑在书
《萨满教图说》，黄强、色音
《神话考古》，陆思贤
《神话求原》，尹荣方
《神话祭祀与长江文明》，〔日〕安田喜宪
《西藏祭祀艺术》，刘志群
《神话何为：神圣叙事的传承与阐释》，吕微
《金枝》，〔英〕弗雷泽
《生殖崇拜文化论》，赵国华
《热带雨林的开拓者》，李露露
《神话与民族精神》，谢选骏
《人文动物》，姚立江、潘春兰
《文化生灵》，萧春雷
《绿色象征：文化的植物志》，衔顺宝
《人与森林：生态人类学视野中的刀耕火种》，尹绍亭
《原始物象：村寨的守护和祈愿》，杨兆麟

《全新世环境：最近一万多年来环境变迁》，徐馨、沈志达
《中华五千年生态文化》，王玉德、张全明
《中国历史气候变化》，张丕远主编
《中国海面变化》，赵希涛主编
《黄淮海平原历史地理》，邹逸麟主编
《环境考古研究》，周昆叔主编
《西北干旱地区全新世环境变迁与人类文明兴衰》，尹泽生、杨逸畴、王守春主编

《苏美尔：伊甸园的城市》，〔美〕戴尔·布朗
《埃及：法老的领地》，〔美〕戴尔·布朗
《爱琴海沿岸的奇异王国》，〔美〕戴尔·布朗
《古印度：神秘的土地》，〔美〕戴尔·布朗

另见各遗址考古发掘报告，以及《考古》《文物》《中国文物报》与《中国国家地理》《文物天地》《地图》等期刊的相关文章